发现由衷的悲伤

不可思议的《老子》

杨树军 著

北 京

图书在版编目（CIP）数据

发现由衷的悲伤：不可思议的《老子》/杨树军著．
北京：中国经济出版社，2016.10（2023.8 重印）
ISBN 978－7－5136－4372－6

Ⅰ．①发…　Ⅱ．①杨…　Ⅲ．①道家　②《道德经》—研究　Ⅳ．①B223.15

中国版本图书馆 CIP 数据核字（2016）第 210729 号

组稿编辑　崔姜薇
责任编辑　张　博
责任审读　贺　静
责任印制　马小宾
封面设计　任燕飞装帧设计工作室

出版发行　中国经济出版社
印 刷 者　三河市同力彩印有限公司
经 销 者　各地新华书店
开　　本　710mm×1000mm　1/16
印　　张　15
字　　数　228 千字
版　　次　2016 年 10 月第 1 版
印　　次　2023 年 8 月第 2 次
定　　价　49.80 元
广告经营许可证　京西工商广字第 8179 号

中国经济出版社 **网址** www.economyph.com **社址** 北京市东城区安定门外大街 58 号 **邮编** 100011
本版图书如存在印装质量问题，请与本社销售中心联系调换（联系电话：010－57512564）

版权所有　盗版必究（举报电话：010－57512600）
国家版权局反盗版举报中心（举报电话：12390）　　服务热线：010－57512564

推荐序

过常宝

老子是春秋末期的史官，《史记》中关于他的记载，除了应关令尹喜之请，留下《道德经》五千言外，另两件事都是关于教导孔子的：其一，在《孔子世家》中，老子对孔子说，自恃聪明而妄议博辩是危险的；其二，在《老庄申韩列传》中，老子对孔子说，入世或出世要看形势，要去掉自己的骄气与欲望。由此看来，老子喜欢训诫他人。

周代初年，周公制礼作乐，最常做的一件事就是训诫周成王和贵族，成王也主动请求教诲（《尚书·洛诰》）。与周公同时期的太史辛甲，也曾率领百官箴诫周王（《左传·襄公四年》）。周公负责祭祀和教化事务，训诫君王凭的是神灵的余威，这个训诫的权力自然也就由巫史往下传，形成职业传统。

老子作为史官，有训诫之职。《老子》中常云“圣人之治”，云“侯王”应如何，都是训诫君王的架势，但是，礼崩乐坏的春秋末期，没有哪位君王愿意听老子的训诫，所以，《老子》不只是训诫“圣人”和“侯王”，而且是面向整个社会的，遇到孔子这样一心学礼的人，老子难免技痒，是断然不肯放过的。

做一个称职的导师，除了有思想之外，还要有文采。史官究天人之际，通古今之变，是当时最有学问的人，自然是思想家。而文采，在教诫之辞中的主要表现，就是喜欢用熟语、格言，如《老子》中的“合抱之木，生于毫末；九层之台，起于累土；千里之行，始于足下”“重为轻根，静为躁君”等。老子正是在这些格言的基础上，阐发自己的治世之道和处世之道的。这个方法是有传统的，《逸周书》中有一篇《周祝解》，祝和巫史是一路人物，《周祝解》中也都是训诫之辞，也使用格言，跟《老子》相近。这些格言，应该是老子，也许还有他的前辈们，为职业性训诫而收集的。

这个爱唠叨、很敬业的老子，似乎跟隐者的形象有些距离。说老子是隐者，是由于《老子》给人的印象如此。《老子》愤世嫉俗，不喜欢礼制，认为“法令滋彰，盗贼多有”，因此主张“圣人”们清静无为，自然无欲；至于普通人处世，则应该向水学习：“天下莫柔弱于水，而攻坚强者莫之能胜，以其无以易之。”也就是以抱雌守弱、顺应自然的姿态，避免与这蛮横的社会正面冲突，从而成就自己。又常言无形之大象，先天地而生之大道，总之是教人超脱现实之局限，在这个社会之外安顿心灵。这是老子教人应对现实的法子，也是他被认为是隐者的原因。可贵的是，老子讲“微妙玄通”之道，讲“有无相生”之理，因此，他讲的道理就不仅是生存的智慧，还是万物存在、运行的理由和目的。

老子是个讲理的人，也是执着于理的人，所以，训诫孔子之事可能是真的；但老子既开道家遁世的门径，则其骑牛出关而隐，又成功化胡归来，也是顺理成章之事，不能算假。

爱唠叨的老子，在他死后归于清净，而围绕着这份清净，聚集了无数爱唠叨的人，对此，老子就像一潭深幽宁静的水，对于每天变幻着的云，一概虚怀受之，呈现出无数虚虚实实的相、重重叠叠的境，成为中国文化的奇观，有着异样的感染力。我们感谢老子，也要感谢爱唠叨的人。

每一个爱唠叨者的《老子》都是独特的，今天你看到的这本书也是如此。作者杨树军是一个很认真的人，温和的外表包裹着古道热肠，两年前曾和孔子有过一场对话，有世道人心之慨，其意在疗救。如今，这位作者又徜徉于老子这片深不可测的深潭之畔，视通万里，心猿意马，或谈千百年风云变幻，或刹那间拈花而笑……是变着法子想弄清楚这水有多深，有多美；还是想借着潭水的光影看看我是谁；或者只是想找到一种舒服而优雅的姿势？对于读者来说，潭边这个身影也许是又一片过眼云烟，也许是老子这座庞大迷宫中的又一扇门。然而，到底是什么，也只有读过了才知道。

自序　由衷的悲伤

佛说，众生必有生老病死之苦。除此之外，相爱的人终会离我们而去，陪伴我们身边的永远是路人甲和路人乙。悲观者说：把相爱的人留住则是人生另一场悲剧的开始。

到了人生的下半场，你告诉自己说不想成为百岁老人，八十岁当可满足——这只是你恐惧死亡的另一种形式！你知道这个地球上有多少人活不过明天吗？统计数字表明，每天都有差不多20万人会永远离开我们！对，你认为这里边不会有你的名字——事实上，那20万人中大部分都是这样想的。

除此之外，我们的所有努力都是挣扎，除了自己的看法，我们不可能真正改变任何东西。

作家史铁生说：四肢健全的时候，他抱怨周围环境如何糟糕，后来就瘫痪了。坐在轮椅上，怀念当初可以行走、可以奔跑的日子，才知道那时候多么阳光灿烂。又过几年，坐也坐不踏实了，出现褥疮和其他问题，怀念前两年可以安稳坐着的时光，风清日朗。又过了几年，得尿毒症了，这时觉得褥疮也还算好的。开始不断地透析了，一天当中没有痛苦的时间越来越少，才知道尿毒症初期也不是那么糟糕。

侥幸健全的你我留意到耳边的清风和阳光了吗？

冷峻而睿智的老子在洞悉了世界的秘密之后决定把它说出来。他奉劝我们不要期待快乐——这就是消除痛苦的最好办法吗？就像我们在探望病人时问他："好点了吗？"我们的真正意思是：你的病情有没有加重？通常情况下，我们把痛苦的减轻视作快乐，没有坏消息已经是最好的消息——在人生这场大买卖中，我们永远都被置于受盘剥的境地。

在他之前的孔子将一切秘密归于世俗之王，他坚信人间应该有适当的秩序，这有赖于我们的道德与文化自觉。老子则相信有一个自然之神，那就是——道，它可以是宇宙的本来面目，也可以是事物内部某种神秘的法则。佛陀将目光收回到我们每一个人的内心深处。人间之王不能征服你，超自然的神灵也无法控制你，你只是自己的王，你的力量来自你的心灵，他人永远无法剥夺。

佛法是杠杆的支点，一头是世界，另一头是我们的心。

修行佛法不是为了得到任何东西，而是为了无视是否得到了什么东西。

有一次，舍利弗腹痛，跟他在一起的目犍连问他，这种情况以前有过吗？舍利弗说，小时候母亲用绿豆汤医好了他。

当地的神灵都听见了他们的对话，在神灵的要求下，周围的百姓开始连夜煮绿豆汤。第二天，目犍连托钵乞食时顺利化到了绿豆汤。舍利弗强忍着腹痛说，这是违反佛陀教导的，并让目犍连去把绿豆汤倒掉。

目犍连只好照做。当绿豆汤被倒在地上的那一瞬间，舍利弗的腹痛痊愈了。

我们都相信绿豆汤能够医好腹痛，但如果我们相信佛法的话，把绿豆汤倒掉我们一样可以痊愈。

佛陀在鹿野苑为五比丘三次转动圣谛法轮，佛说：人生即是苦，我已经解脱，你们都可以解脱。

活着就是修行的意思，是鼓励我们应该直接选择去修行。禅定、冥想、灵修可以让我们有机会获得真正的自由——将一切都放下的真实自由。觉醒之后我们感觉放下了千钧重担，而在此之前我们并不觉得自己背负了任何东西。就像我们一直在减肥，从180斤减到120斤的时候，觉得自己身轻如燕。如果我们继续减下去，一直减到“负数”，我们应该就真的可以在空中飘来飘去了吧！

修行可以给我们的，生活都可以，只是我们需要花更多的时间。因为我们很容易就会发现，随着年龄的增加、阅历的增长，我们真的开始“放下”了。

这从另一个侧面证明了佛法的真实性，它是对生活最深刻的提炼与概括，而不是收藏在深山中的某种秘籍。一个心智正常的人用大部分生命换来的最有价值的部分，于修行可能只是一瞬间的事情。

对修行来说，世俗生活只是在走弯路。两千年过去了，如果西西弗斯还在推动那块巨石的话，他早该成佛了吧！

修行者说，愿你善待自己，愿你的生命里总有皎洁的月光。

放眼望去，我们做的许多事情会让人误以为我们可以再活1000年，事实上甚至没有人可以再活100年，真相是我们随时会离开。

人生的实况就是我们永远得不到我们想要的东西，每一个人都是人生的失败者，我们终将被自己的性格、某种奇怪的幻觉，或者是人间的某种阴谋打败。

在人生一个接一个的桥段中，我们有可能逐渐改变自己看待世界的方式，最终我们将明白每个人都是不同的，众生各自精彩，没有人可以被改变。我们身处的这个世界充满了各种各样的可能性，我们依然会有疑问，但不一定立即去反驳或是贬抑。不管外面有多少繁华与喧嚣，也不管别人有多少心眼儿，我们始终知道自己是谁，知道自己在做什么。

媒体习惯性地为我们呈现成功人士最光鲜的一面，这些年的电视娱乐频道中大量充斥着农民艺术家和平民英雄。传统的社会精英也就罢了，现在连普通的街市和陋巷中都已经藏龙卧虎了。我们的生存空间再度被挤压，我们的存在就像一个个笑话，我们把自己的人生过成了别人的段子。

可是，说到底我们不都是人生的失败者吗？每个人对失败都比对成功熟悉得多。我们似乎永远都在倒霉，没有人会真的注意我们，我们的邮箱永远是空的——垃圾邮件除外。我们从来没有收到过情人节礼物……因为我们一开始拿到的就是一副人生的烂牌。

我们可能无法想象这个世界上会有一群常常从噩梦中惊醒的大象。在非洲大草原上甚至曾经有过一个“流氓象群”，跟普通象群不同的是，它们会肆意攻击人类，它们甚至会有选择地杀死人类的牛。

后来科学家终于找到了原因。若干年前，人们决定建设一个保护区保护大象，但是保护区容不下所有的大象——他们还需要为别的动物留下空间。于是他们杀死了大部分老年大象，问题在于人们在做这些的时候是当着小象的面。无比血腥的场面永远留在了小象的脑海中，它们是创伤性记忆的受害者，它们终生处于应激性反应障碍中，而造成这一切的就是自以为聪明的人类。

然而，每个人都是大象。自从成为一个有意识的生命体起，我们所有的欢乐都像是沙漠中的水一样漏掉了，但无数的创伤性记忆却永远保存在了我们的脑海中。

那些由衷的悲伤，那些从未实现的渴望，那些我们一生累积的哀痛……我们将把它们带向何方？

佛说：人类的全部泪水加起来比印度洋里的海水还要多。

如果这是真的，谁能告诉我，我们还有多少眼泪不曾落下？

杨树军

目 录

发现由衷的悲伤——不可思议的《老子》

老子天下第一

中华文明上下五千年，如果从正中间切出五百年，刚好就是春秋战国时期。

春秋战国从公元前770年至公元前221年（平王东迁至秦统一天下），前后不过550年，中国历史上真正称得上大师的人物接连登场，他们的队形是如此紧凑，他们的脚步是如此密集，堪称奇观。

以下人物不按姓氏笔画排列：孔子、孟子、墨子、荀子、老子、庄子、列子、韩非子、商鞅、申不害、许行、告子、杨子、公孙龙、惠子、孙武、孙膑、张仪、苏秦、田骈、慎子、尹文、邹衍、晏子、吕不韦、管子、鬼谷子……这个名单还可以继续排列下去。这是一个无比强大的阵容，这是一次空前绝后的集体亮相，他们中的任何一位站出来都足以照亮五千年的历史夜空。

而就在同一时期，古希腊、以色列以及古印度真正的精神导师也悉数出场，苏格拉底、柏拉图、亚里士多德、释迦牟尼、犹太教的先知们……再加上中国那些毫不逊色的先贤，他们携手为人类的文明史创造了一个绝无仅有的高度。

这是一次不可思议的聚会，来自黄河、恒河、两河流域和地中海沿岸的文化大师们跨越千山万水，他们的灵魂以某种我们不了解的方式聚合在一起，共同撬动着人类发展史。尽管地域不同，语言的差异很大，他们甚至永远都不知道对方的存在，但由他们分别引领的文化浪潮还是具备了很多相通的地方。

在那个时代，古希腊、以色列、古中国和古印度的文化都发生了“终极关怀的觉醒”。换句话说，这些地方的人们第一次学会了用理智的方法、道德的方式来面对这个世界，并开始追问世界及人类的终极问题；宗教的产生最早开始于我们对死亡的思考。这是一次前所未有的超越，而超越的不同路径及类型决定了今天东西方迥异的文化形态。

大师们列队站立在人类五千年文明的中点，承前启后，继往开来。

我们永远都是他们的影子。

一、孔子：我们共同的“留守老人”

从庄子的“圣人不死，大盗不止”开始，“圣人”一词就变成了一粒怪味豆。今天“圣人”几乎就是一句脏话。

孔子是唯一的例外，孔子之后，人间就不再有文化意义上的圣人。

孔子是所有中国人的“留守老人”，两千五百年来，他一直守护着我们的心灵家园，《论语》里有我们的全部乡愁。

真正影响并决定了中国人精神气质的是孔子，他是中华民族文化性格的底色，是真正的文化大师。从这个角度讲，是孔子创造并主宰了中华民族，他就是我们的“上帝”。

孔子一定不会在意哲学家这一头衔，他的言论更像是人生道理，或者人际关系学。宏大的宇宙、抽象的人生，这些大而无当的问题都没能真正进入孔子的视野。他关注当下，心系天下。孔子是一位狭隘的现实主义者，他真正关心的基本上都是现实生活中的人。

《论语》中孔子多次拿君子和小人说事，君子原本就是“君”之子。国君、家君类似我们今天说的贵族，但孔子将“君子”和“小人”分别赋予了道德含义。孔子以君子自居，并且希望自己的学生都能成为君子。小人本来说的是老百姓，但从孔子开始，小人就是坏人的代名词，他们形容猥琐、卑鄙无耻。

但君子并不是最高标准，修身以敬、道德高尚、洁身自好者就算是君子了。如果能够让别人因为你的存在而幸福，这样的人在孔子那里叫仁人，孔子认为自己达不到这一标准，《论语》中一共也没有几个仁人。比仁人标准更高的是圣人，他们可以泽及天下，只有帝王才有这种资格，但并非所有的帝王都是圣人，圣人就是帝王中的“君子”，尧舜禹、汤文武就是孔子心目中的圣人。

仁人也要具备一定的平台，尽管不比帝王，但仁人也能让他周围的人受益，仁人就是贵族中的君子。

如何对待这些人，孔子从不掩饰自己的好恶。

唐尧、虞舜、夏启真的存在过吗？孔子并没有深究。《尚书》中有这些人的蛛丝马迹，他们给孔子的印象就是“巍巍乎”，高不可攀。对于尧舜禹，孔子只是一带而过。墨子重视禹，以禹为精神导师，孟子为了从气势上战胜墨子，言必称尧舜，后世道家的目光越过尧舜，直接停留在黄帝和神农身上。这恰好证明这些身影模糊的圣王们即便真的存在过，也跟我们没什么关系。

文王、武王、周公乃至泰伯、仲雍都是当之无愧的圣人，孔子以传播“文武之道”为最高使命，这是他一生奔走的原始动力。泰伯和仲雍三让天下，孔子以“至德”称之。

圣人一定是数百上千年之前的人，仁人即使没有他们年长，但也得是“死人”，《论语》中有六位这样的“死人”：微子、箕子、比干、伯夷、叔齐、管仲。对于“仁人”，孔子的态度是激赏——虽不能至，心向往之。

因为遥远时光的阻隔，圣人和仁人在孔子心目中只显露出无限美好的一面。

孔子直接以“君子”称道的至少有蘧伯玉、宓子贱和南宫适，他们和孔子都有过直接交往，但符合君子标准的肯定不只限于他们。

君子们仁义礼智信、温良恭俭让，他们品德高尚、才华卓著、内心和谐，他们讲道德，有能力，传递正能量。小人则是跟他们相反的人。

天下只有一个周天子，作为天子臣民，孔子的现实生活离天子很远，孔子也从未想过对天子评头品足。而孟子走得更远，他认为面对无道君主，可以换地方，也可以换人。

诸侯原是周王的兄弟子侄、前朝遗族和有大功之人，孔子有过交集的包括鲁国的昭公、定公和哀公，齐国的庄公、景公和平公，卫国的灵公和出公，陈国的湣公，可能还有一些小国的国君。他们通常会向孔子问政，孔子也乐于向他们传播自己的学说，但效果都不太理想。一方面，孔子按照礼法的要求充分尊重他们，一旦国君召见，孔子不等座驾准备好已经开始往外跑了，在国君面前孔子表现出敬畏，甚至不惜违心地替尊者掩饰错误。但另一方面，我们相信孔子心里是有怨言的，因为这些人中真没有几个争气的。鲁国是孔子的母国，无论母国对待孔子如何，孔子都无话可说；卫灵公明知卫国需要孔子，却终究只是一个昏聩老朽的家伙，事事受制于女人；齐景公早年向孔子问政，孔子提出了“君君，臣臣，父父，子子”的著名理论，但他对起用孔子始终不置可否，孔子因此大失所望。

若干年后，被历史选中的商鞅离开魏国来到了秦国，一开始他向秦孝公推销的也是“王道”，但孝公听得昏昏欲睡；商鞅转变话题改讲“霸道”，孝公听得心动。然而秦国未强何以称霸？商鞅投其所好改讲强国之术，秦孝公兴致盎然并任用他在秦国变法，商鞅最终成为秦国的座上宾。相较而言，孔子的喋喋不休仅限于他心中的“王道”，对最高层统治者来说，这些话题永远都显得不合时宜。

大夫算是孔子的直接上司或同僚，蘧伯玉、陈文子、晏婴、史鱼、子产这些让孔子称赞的大夫是少数，他们中的大多数让孔子无法容忍。

季氏是一般大夫阶层的代表。作为鲁国的世卿，季氏在鲁国飞扬跋扈了几十年，叔氏、孟氏能量没那么大，也不是什么好人。孔子的怒气一半来自他们。

鲁国有三桓，晋国有六卿，他们不守臣礼，欺上凌下，相信都不合孔子的口味。《论语》中直接涉及晋国的内容不多，相对而言，孔子对卫国就熟悉多了。他两度在那里出仕，并曾与南子打交道。

大夫控制国君，又被自己的家臣控制，如阳货、公山弗扰，他们都是季氏的家臣；晋国中牟宰佛肸是赵简子的家臣。这些人内心邪恶，欲望滔天，一边盘剥下属一边背叛自己的主人，属典型的乱臣贼子。

奇怪的是这三位“乱臣”先后向孔子示好，并试图拉孔子入伙，孔子每次都动了心，但最后都没能去成。

对于那些从政者，孔子总的态度是批判的，孔子称他们为“斗筲之人”——那些没有见识的家伙！不屑之情溢于言表。“太宰知我乎？”我们仿佛看见了一个孤独而桀骜的老者。

乡愿——没有原则的人，佞者——花言巧语的人，他们是孔子一生最讨厌的人。

野人、鄙夫，这些属于底层百姓，他们靠双手吃饭，日出日落，生老病死，跟孔子不发生关系。

《论语》中还有些隐逸之士，一方面孔子很欣赏他们，也想跟他们接近，但他们对孔子的基本态度就是冷嘲热讽，彼此真实的互动场景几乎没有。话不投机半句多，这也是没有办法的事情。

《论语》中有两个生动的细节值得留意。一是孺悲见孔子，孔子托病不见，传话的人刚出门，孔子便抚琴而歌，还特意让对方听见；二是阳虎趁孔子不在家时送了一只烤乳猪，孔子也特意选阳虎不在家的时候去回访，结果在路上撞见了，被阳虎当面教训了一番。

在与某些“有身份者”的互动中，孔子既不委屈自己，也不会委屈“礼”，算是一个有原则、善变通的人。

日常跟孔子互动最多的肯定还是他的学生。按照入门时间划分，前中后大致有三期，孔子对待这些学生大致也有三种态度。

说起来孔子有三千弟子，其中有七十二贤人，孔门十哲再加上有若、曾子和子张，孔子真正重要的学生就是这13位，也可以大致划成三类。

第一类是德行科。那几位道德君子，颜回、闵损、冉耕、冉雍，他们最像孔子，或者说他们最符合孔子口味。他们刚毅木讷，孝悌父兄，安贫乐道，是真正的谦谦君子，孔子视他们如自家的孩子，但他们似乎能力一般，运气也一般。

第二类是孔门里最能干的几位学生，言语科如子贡、宰予，他们能说会道，会办事，是孔子最用得上的人，但孔子始终不待见他们，高兴时开开他们的玩笑，不高兴的时候破口大骂，一点都不见外。孔子临死前跟子贡说了好些掏心窝子的话，至少说明孔子心里还是识好歹的。

政事科里的子路和冉有在孔子那里得到的待遇跟子贡他们差不多。他们或理政或理财，属于济世能臣，但一样讨不到孔子的欢心。宰予、樊迟、子路都有被孔子痛斥的经历。

第三类如有若、曾子，加上文学科的子游和子夏，他们是孔学传布的大功臣，说是师生，更像同门，他们对待彼此彬彬有礼、不苟言笑，总像隔着一层。我们相信三千弟子中绝大部分连第三种待遇都得不到。

《论语》中有关孔子家人的信息不多。孔子唯一的儿子孔鲤死时有棺无椁，孔子家无余粮可能只是原因之一，是否合礼才是孔子真正在意的。

孔子是著名教师，《论语》中却只有孔子督促儿子要学诗、学礼的记载，孔子就像一个催促孩子去写作业的现代虎妈。

在所有这些人中，孔子真正感兴趣的是他自己。他好学、通达、积极、上进，他小心翼翼却也颇知天命。他自视甚高，理想远大，但是运气一般，鲁国不用他，齐国不用他，卫国也不用他；国君不用他，大夫不用他，其实连那些叛贼都未必是真的要用他。68 岁垂垂老矣的他回到家乡，也彻底明白了自己充其量就是个书生。

其实没有人跟他有关系。

二、墨子：满足了我们关于侠客的所有想象

诸子百家第一人是孔子，第一个公开站出来批评孔子和儒家学说的是墨子。

韩非子说：孔子、墨子俱道尧舜，而取舍不同。尧舜是他们共同的导师，两位后学各有侧重，以至于渐行渐远。

《墨子·贵义》中说了这样一件事：有一位老朋友劝墨子，现在整个天下都不可救药，你一个人这样努力，恐怕也改变不了什么，不如算了。墨子说，假如一个家庭有十个儿子，九个好吃懒做，剩下那一个再不努力怎么行？

墨子就是剩下的那个儿子。面对同一个乱世，孔子四处游走，不厌其烦地向别人描述他心目中的理想社会；墨子则是放下所有身段，多说无益，不如从自己做起，从身边做起，从解决一个个具体的问题开始。

墨子的理想主义首先体现在墨子对其团队组织的设计上。孔子带着学生有说有笑，边走边聊，或批判现实，或论人是非，喜欢给别人开药方。墨子在自己的组织内部就是“上帝”，墨学家称钜子，也叫大师。腹是墨家后来的一位钜子，腹的儿子在秦国杀了人，秦惠王体恤腹已年老，而且只有一个儿子，就下令赦免了腹的儿子，但腹自己把儿子杀了。因为墨家有“家法”：杀人者死，伤人者刑。墨家的战斗力就是建立在这种严明的家法之上的，墨家钜子孟胜替阳城君守城，城破之日，孟胜跟他的 183 名弟子义无反顾地选择了殉城。

墨家组织更像一个有虔诚信仰的宗教团体，钜子就是他们的“圣人”，

就其组织内部的效率而言，甚至让人想到今天的某些“邪教组织”。后世无数的侠士、刺客乃至今日北京的“顽主”，即便不是墨家子弟，但他们秉承的某种为了“大义”不惜赴汤蹈火、死不旋踵的精神却是肇始于墨子的。

墨子是宋人，那是一个批量出产君子的地方，从不合时宜的宋襄公开始，守株者、拔苗者，他们的身上总有一种认真过头的气质。同为宋人的孔子同样一生孜孜以求，屡败屡战，痴心无改，他坚定地相信过去的就是最好的，他甚至没有对结果有更多期待。墨子是一位真正的理想主义者，他带领着一群生死弟兄，有诺必践，不爱其身，并且永远相信未来。

墨家起于草根而安于草根，他们简单而质朴，他们不善言辞但立足于埋头苦干；墨子面黑而心热，他是真正的侠士，他带领一群忠实的信徒，匍匐苦行。他们因为太鲜明、太坚硬而终难存世。

儒墨原本同源，但攻伐起来竟毫不含糊。墨家认为儒家的所作所为明为救世，其实是“丧天下”：儒家不信鬼神，有可能会惹怒鬼神，此足以丧天下一也；儒家厚葬久丧，送死人就像搬家，三年忙于哭泣，无所事事，此足以丧天下二也；儒家以声色歌舞为乐，劳民伤财，有百害而无一益，此足以丧天下三也；儒家认定生死有命，富贵在天，致使天下消极无为，此足以丧天下四也。

在此基础上，墨家系统提出了自己的主张。与其他派系不同的是，墨子是教主，墨家的主张是“成规”，没有任何讨论的空间。

一曰兼爱，是刻意为了跟孔子的“仁爱”区分吗？孔子的爱是有条件的，或者说他爱的对象是有严格限制的，墨子直接拆除了这些限制。墨子主张爱无差等，他将社会变乱的根源归结为有差别的爱，人们只爱自己，便想通过损害别人的利益来满足自己。墨子的爱是博爱、大爱，后期墨家曾用骑马打比方——你只骑过一匹马，就可以说你骑过马，但不能说你只爱一个人就算是“爱人”吧？

儒家认为人们基于血缘及利益关系区别对待是自然而然的事情。孟子斥责说，墨子兼爱，是把自己的父亲等同于陌生人，这是禽兽所为。墨子也知道兼爱并非现实，唯其如此，才要努力，因为只有兼爱的社会才是真正和谐的社会。

墨子的兼爱思想至少在墨家组织内部进行了相当成功的实践。墨家子弟就像是一群战壕里的兄弟，兄弟之间信任是基础，而没有全覆盖的爱，信任就没有了基础。

二曰非攻，如果兼爱成为现实，则天下非攻矣。

反战是文明和理智的必然结果，有趣的是墨子主张非攻是从“利益”的角度来判断的，因为战争是对国家百姓的伤害，只有消弭战争才符合大多数人的利益。

墨家反对战争的主张没有停留在口头上——而这正是其他各家反战的标准方式。那一次楚国准备攻打宋国，墨子千里迢迢跑去化解，对即将发生的战争首先在桌面上进行了模拟推演，墨子显然占了上风，楚人觉得自己手里还有牌，并将一劳永逸地解决问题，但是墨子连对方的底牌都预先做好了应对。这是一次精彩的外交活动，是“外交部”而不是“国防部”打赢了一场战争。墨子有勇有谋，令对手心服口服。

战国时期国家之间的交流方式就是战争，墨家体现“非攻”主张的方式就是对战争实施防御。儒家是有限度反战，孔子反对不义的战争，但又指望以战争来实现某种“义”。

三曰明鬼，如何看待鬼神，实质就是如何看待我们自己。关于鬼神，孔子的态度是存而不论，他甚至觉得在这方面花太多心思是浪费时间。《说苑》里孔子曾经这样回答子贡的问题：我如果说死者有知，怕那些孝子顺孙们妨生以送死；如果说死者无知，又怕那些不肖子孙弃而不葬。其实人死后是否有知，并不是一个需要马上能得到答案的问题。

在现实生活中儒家确实无比重视丧礼和祭礼，这也是那些儒者的看家本事。但“慎终追远”只是儒家的手段，“民德归厚”才是最终目标。

而这正是墨家所不能容忍的，儒家一方面不相信鬼神，另一方面又大力操办丧葬祭祀之事——假如河里面没有鱼，为什么要撒网呢？

四曰非命，孔子对鬼神之事不置可否，但他喜言天命。“获罪于天，无所祷也。”他坚信有一种超自然的能力在主宰着世界。

墨子相信种瓜者得瓜，世界并没有人们所说的那么复杂。墨子真正想说的也许是：假如一切都是命中注定，那还要我们做什么？

五曰节葬，在这个问题上，儒墨两家相背而行。儒家从民德归厚出发，不信鬼神但坚持依礼丧祭，对厚葬秉持最大的容忍度；墨家笃信鬼神，但坚决反对儒家的厚葬。

墨子反对的是那些虚头巴脑的东西，对先人的敬重不一定体现为厚葬，更重要的是站在墨子的立场，天下百姓正苦，好好的东西拿去烧了埋了是一件十分不划算的事情。但这件事本身就比较纠结，节葬是否也该适可而止？总不能等人死后赤身裸体拿去喂虫吧！

善于行动的墨子重新设计了一套丧葬制度，桐棺三寸，衣衾三领，墓穴三尺，为丧三日而已。

六曰非乐，墨子出身草根，且以草根为荣。墨家对儒家的礼乐制度采取鄙夷姿态，除此之外，墨家反对一切华丽的音乐、雕饰，反对过于繁杂的装扮、烹调等。

宋明理学提倡“存天理，灭人欲”，主张剪灭额外的欲望，与以自苦为乐的墨家却也有几分相似。

七曰尚贤，孔子通过办学为他的学生提供了上升的通道，而他的大部分学生原本并不具备这种资格。

墨子走得更远。主张兼爱的墨子认为所有人都应该有上升的机会。国家为什么“不得富而得贫，不得众而得寡，不得治而得乱”？国家机制有问题，真正有能力者没有机会为国家效力，墨子明确提出不党父兄，不偏富贵，不嬖颜色，人不论亲疏、贫富、美丑都可以成为国家之栋梁。

明确反对“尚贤”的是道家，道家认为“尚贤”才是祸端。“不尚贤，使民不争”，争的结果必然是天下大乱。

八曰尚（上）同，尚同思想对接的是集权主义，集权主义强调的是自上而下的控制与管理。它要求一切统一于上一级，下级要绝对服从上级。

墨家认为没有思想的统一，便不能有行动的一致。墨家更像一个军事组织，它纪律严明而高效。尚同思想首先在墨家组织内部进行了实验，或者说墨家正是通过在组织内部的成功实践才更加坚定了尚同思想。

受尚同思想影响最深刻的是秦，墨家钜子腹曾长期在秦活动，秦始皇选择大一统的中央集权制，无疑有浓厚的墨家色彩。秦之后，墨家从式微至绝迹于人间则间接证明了墨家之不合时宜。

儒墨之争是一场激烈但缺乏主题的论战，但他们的慷慨陈词都没有击中对方的要害。儒家总是不厌其烦地描述他们心中的理想社会，墨家关注的是现实和行动本身；前者一直在回答“是什么”，后者则追问“为什么”“怎么样”。儒墨相加才是问题的全部。

墨子大概是这样的：他身材矮小，面色黝黑，骨瘦如柴，目光坚定，长发如风，衣衫褴褛，他身后站着一大群像他一样的人。

三、法家：中国历史上最聪明能干的人

孔子不是高富帅，墨子不是苦逼青年，但法家人物却多半是成功人士。

跟其他各派比较起来，法家更现实，也更有作为。他们不屑于在书斋中或大呼小叫，或奋笔疾书，他们的人生舞台更广阔，也更波澜壮阔。儒家天真地想以执着和嘴皮子改变世界，墨家努力以组织的力量矫正世界，道家试图用高妙的智慧最终影响世界，法家则是直接把自己的血肉之躯投进了一架系统故障的绞肉机。这注定了法家人物的悲惨命运。

一般认为吴起是兵家代表人物，但纵观其一生之行事风格，将他归入法家似乎更确切。吴起从卫国出发，一生纵横鲁魏楚三国。他先是师从儒家之曾子，被逐出师门后摇身一变成为一名驰骋疆场、战无不胜的军事将领，但他的人生最终止步于楚国那场轰轰烈烈的大变法。

齐国大兵压境时，由吴起领兵显然是鲁国的最佳选择，但吴起的妻子是齐国人，这让鲁国心存疑虑。吴起同样需要这个机会，他不能让妻子的国籍影响自己的前途。在那个罪恶的夜晚，吴起几乎没有任何犹豫，他用快刀割去睡梦中妻子的头颅献给了鲁君。在接下来的齐鲁大战中鲁国大胜，但这并没有给吴起带来更多的荣誉，有人向鲁君揭发吴起少时曾因为别人的讥笑，杀人三十余口。吴起残忍，疑心又重，这样的人不可久留。

吴起转投魏国为将，他与最下等士卒同衣食，有一位士兵生疮，吴起亲自给他吮吸疮毒。这位士兵的母亲听说后大哭，大家都觉得奇怪，这位母亲说，当年自己的丈夫就被吴起吮吸过疮毒，丈夫在战场上比谁都勇敢，结果就战死了，现在吴起又吮吸其子，儿子的死期大概也不远了。

吴起在魏国的文治武功声震朝野，魏武侯即位后，吴起觉得自己可以

为相，魏武侯却把相位给了田文。吴起不服，统帅三军、管理国家、西拒强秦没有一样是田文的功劳！田文说，国君年轻，国人疑虑，此时此刻该把国事交给一个太强势的人合适吗？吴起说不合适，田文说这就是自己得到相位的原因。

魏国终非久留之地，吴起又来到了楚国。楚悼王任用吴起变法，吴起打算用法家思想将楚国武装起来，但楚国水土丰美物产富饶，先天具备某种道家气质，作为当时世界上最大的国家，博大精深的楚文化、谦退无为的道家思想深深影响了这片土地，它与法家精神无法相融。吴起变法以失败告终，八百年的楚国似乎只是在一瞬间真正具备了秦一样的野心。

悼王死，变法失败的楚国陷入混乱，宗室群起为乱，欲杀吴起，吴起逃至悼王尸体旁边，作乱者的乱箭在射杀吴起的同时也射中了悼王尸体。

悼王葬，太子立。按照楚国律例，刺杀楚王者诛三族。射杀吴起者悉数成了国家的敌人，楚宗室因此被诛者七十余家。吴起临死还精心设局为楚国日后的强大剪除了七十余家掣肘的宗室。

吴起有兵法存世，加上不入流的小说家，诸子百家也只是10家，三教九流里并没有兵家的影子。

司马迁称商鞅为“天资刻薄人也”，这大概也是法家人物共有的一种特质吧。

魏国相公叔痤曾经向魏惠王举荐商鞅，魏王毫无兴趣。商鞅后赴秦国并以强国之术打动秦孝公，在秦国实行变法，开塞耕战，鼓励告奸，终将秦国打造成一个高效而冷酷的战争机器。

秦孝公死后，秦惠王即位。从“公”到“王”，秦国有了更大的野心，其中有多少是商鞅的功劳呢？但作为改革者的商鞅注定要为整个国家因为剧烈震荡造成的不适买单。

商鞅的身份从“相”变成了“贼”，他被迫选择了的逃亡。但他的逃亡历程一开始便走到了尽头，他到客舍住店，店家并不知道他就是全国通缉的商鞅，说：按照商鞅之法，不查明客人身份者与犯人同罪！商鞅感慨地说：没有想到自己制定的苛法今天用到了自己的头上。

商鞅最终以谋反之罪在渑池被围杀，秦惠王还对商鞅的尸体公开行车裂之刑，并尽灭其族以警示天下。

早年的两只老鼠曾经彻底改变了李斯的“三观”。一只待在厕所里，靠粪便活命，一有动静便仓皇逃窜；另一只悠闲地生活在粮仓里，粮仓遮风避雨、通风透气。李斯发誓要成为第二只老鼠。

李斯起于布衣，擢为丞相，他是秦始皇统一天下最大的功臣之一。李斯被封为通侯，其子孙皆至尊位重禄。及至二世，赵高弄权，李斯以个人富贵为重，阿顺苟合最终酿成大祸。

李斯临刑前，与儿子抱头痛哭：想当年我们父子牵着猎狗在郊外追逐野兔，现在想起来，那是多么自由而美好的日子啊！

李斯被腰斩于咸阳，并被诛灭三族。

韩非是法家集大成者，同样作为荀子的学生，韩非的学术水平显然要高过李斯，这可能在一定程度上得益于他的口吃。当口齿伶俐的李斯变成了秦始皇的丞相时，他还是挺愿意提携同学的。他向秦始皇推荐了韩非的著作，秦始皇大为赞赏，感叹能与韩非见面此生无憾矣！不久之后，秦始皇真的见到了韩非。

此时李斯的内心却发生了微妙变化——对同学的嫉妒，担心自己失宠，诸如此类。李斯决定消除隐患。他伺机杀掉了韩非，奇怪的是秦始皇对此事并没有深究。

“李斯使人遗非药，使自杀。韩非欲自陈，不得见。”李斯向同学下手的方式是让人送去毒药，难以想象韩非在端起同学送来的毒药时内心在想什么。

苏秦属于纵横家——靠嘴皮子吃饭的家伙。但在趋利避害、追求利益最大化上他们与法家仅一线之差，或者说两家只是一枚树叶的正反两面。

苏秦以一己之力促成山东六国合纵，身佩六国相印成为六国国君之座上宾，连周天子对他都要刮目相看，真可谓风光无限。“秦兵不敢窥函谷关十五年”，因为苏秦的周旋，天下总算消停了十多年。但是在苏秦心目中有的只是权变利害以及个人的功名利禄，王道正义并不是他的首选。

苏秦与燕王母亲私通，事情败露后苏秦离开燕国逃往齐国。苏秦在齐国被人行刺至重伤，但一直找不到凶手。齐宣王曾经趁燕易王初立时攻占了燕国十城，齐燕因此互为敌国。苏秦临死前请求齐王公开行车裂之刑，并宣称自己是燕国的奸细，刺客自以为有功于齐而主动暴露身份，被齐王抓获后处死。苏秦终于以这种奇特的方式为自己报了仇。

如果“法家”真的存在过，韩非大概是唯一的法家人物，其余如李斯、苏秦、商鞅、吴起乃至管仲、慎到、申不害都曾是国家栋梁，他们为卿为相，目标是富国强兵，所谓的“法家”只是对他们某种工作风格的描述。孔子早有“道之以政，齐之以刑”与“道之以德，齐之以礼”的辨识，政刑还是德礼，也许只是一个路径和方式问题。

法家就像臭豆腐，说起来不斯文，吃起来还是蛮香的。就像臭豆腐大多潜伏在街巷深处一样，法家思想也已经深潜在我们思维的最隐秘处。面对一个散乱的组织，我们首先想到的是建立健全规章制度，建设法治国家似乎也是当今大部分发展中国家人民的共同理想。

但法家之“法”不能等同于法治，真实的法治要依据法理，客观、公正。

没有儒家的走投无路就没有日后法家的“如鱼得水”，这也是儒法相互指责的根源。儒家说法家太现实、太功利、太冷酷，法家说儒家太天真、太迂腐、太无聊。

荀子言性恶，但同时相信人性之恶可以通过教化改变；法家对人性之恶及社会本身的复杂性都有深刻认识，但他们对改良人性毫无兴趣。人性本恶就一定是坏事吗？在韩非看来，人有好恶，本属天性，法家要做的事情就是因循人性，或赏或罚，善恶皆可为我所用，使用恰当一样可以运天下于掌中。

贪求功名是人性的一部分，在追逐功名的旅途中有计划、有行动、有运气，最终得偿所愿者会是法家吗？

法家是一群没有灵魂的人，法家传记就是一出情节紧凑的肥皂剧，主题永远是杀人和被杀，狗血而血腥！

这个世界真的是法家所理解的那样吗？

四、老子：中国的绝望主义大师

孔子是大家长，墨子是帮会大佬，老子冷漠，像个孤家寡人。

诸子百家就像一个抽象的金字塔，孔子一直就是那个最厚实的塔底，因为没有孔子就没有诸子百家和百家争鸣。从孔子开始，儒家、墨家、名家、法家、道家、阴阳家乃至纵横家、杂家、农家、小说家，或六家或十家，甚或一人一家及至百家，其中道家是唯一的异类，他们和其他各家似乎都构不成并列关系。

《论语》中有一些隐逸之士，荷蓧丈人、接舆、长沮、桀溺、晨门是跟孔子有过互动的几位。这些隐逸之士头脑清醒、见识不凡，但拒绝与政府合作；他们隐姓埋名，自食其力，对现实冷眼旁观，偶尔露出的一言半语已足以让人知道他们才是真正的世外高人。

对那些隐逸之士，孔子一直想添加他们为“好友”，但他们坚持将孔子“拉黑”。

隐逸之士肯定不止我们“知道”的这些，杨朱算是他们的代言人。这是一件比较奇怪的事情，他们是一群绝望者，既然已经打定主意隐居，就不会在意别人说什么，他们当然也不会主动向世人表白什么——但我们还是听见了他们的声音，有时候这类声音清晰到让人觉得可疑。

杨朱与墨子大约是同时代人，两个人在当时的影响都很大，孟子说：“杨朱、墨翟之言盈天下，天下之言，不归杨则归墨。”

有一天，杨朱的弟弟穿了一身白色衣服外出，遇见下雨换了一身黑色衣服回家，家里养的狗没认出他来，就朝他狂吠。弟弟很生气。杨朱说：如果我们家的狗出门时是白色，回来时变成了黑色，你也会朝它“吠”的。

杨朱这种深刻的自我反省习惯常常让他的人生充满了抒情诗人式的伤感。有一次在野外赶路，走到某个路口时，前面出现了岔路，可以向南可以向北，不知作何选择，选择的同时也意味着放弃，杨朱一时感慨万端，不禁失声痛哭起来……

杨朱哭歧路式的敏感自然会让他对自己的整个人生进行深刻反思，人生在世难得百年，懵懂昏老时光已经去半，昏睡发呆又去其半，痛疾、哀苦、亡失、忧惧再去其半。滋味美色固然可以赏玩，但也只是一刻之兴，且总是“美中不足，好事多磨”，瞬息间又有乐极生悲之虞。人生的意义究竟是什么？生则尧舜，死则腐骨；生则桀纣，死则腐骨。无论我们的肌肤如何光鲜、性感，但最终都会变成腐骨。

墨子爱所有人，孔子爱身边的人，杨朱只爱自己。

墨子的学生问杨朱，用你小腿上的一根毫毛换天下干不干？杨朱说世界上不会有这样的交易。学生追问说，假如有呢？杨朱觉得他有些无聊。尧年老的时候打算把天下让给许由，让他做“九州长”，许由听见后跑去河边洗耳朵。

杨朱的名气来自他的“一毛不拔”，即便是有利于天下他也坚持不拔一毛只是事情的一个侧面，另一个侧面是把天下给杨朱，他也不稀罕。

杨朱既不想给——一点都不给，也不想要——再多也不要！每一个人都负责把自己的事情做好，天下的事情自然就做好了。杨朱悲观但不厌世，为救治天下他也提出了自己的方案。

这算是道家的第一季。

道家第二季的主角当然是老子，老子将事情看得更透彻，无论世事如何纷繁，其内在发展规律都不是人力可以改变的，他反复叮嘱世人的一句话就是：什么都不用做，因为不做就是最好的做。

老子已经拒绝提出救世方案，他只是悲天悯人地给世人提出了一些忠告，其实只是一些大的原则，而且他绝望地认为大多数人都听不进去。

老子的绝望是先验的。他因为对人间的极度悲观而在母亲体内整整隐匿了81年，那里阴暗潮湿，却无忧无虑。老子出生时须眉皆白，很多人相信这就是他名字的来由，传说他降临人世时九龙升天——这预示着人间一定发生了重大事件。

这个世界是先有鸡还是先有蛋？老子说在什么都没有之前已经有了“道”，这显然比将这种能力赋予“上帝”更有说服力。道是什么？一阴一阳之谓道。如果你再问下去，老子一定会扬长而去。

老子第一次赋予“道”全新的含义，这只是证明老子在思考更本质的东西。他显然比孔子、墨子走得更远，因为老子已经开始真正意义上的哲学思考。“道”是老子哲学的重要组成部分，但它并不是老子哲学重点要解决的问题。

哲学是一只小瓶子，而老子是一头大象。大道至简，老子说：万事万物都在发展，发展的趋势就是走向其反面，最终回到原点，并以此种方式周而复始。老子由此出发劝导世人：守柔、示弱、清静、无为。

道家的第三季是庄子。庄子没有杨朱的悲观，也没有老子的绝望，庄子是宇宙大爆炸之前的静寂。如果杨朱是 1，老子是 0，庄子连 0 都没有。庄子心中无人——包括他自己，他追求的是绝对自由。

按照某种逻辑，庄子之后就应该是佛了——或者，庄子就是一位居留世间的菩萨。

庄子对道家的贡献之一就是提出了“逍遥”这一概念，它的意义应该类似于老子提出的“道”。

逍遥，即是觉悟，即是四禅八定中定于“非想非非想处”的最高境界。

《庄子·逍遥游》说：鲲鹏腾飞九万里固然壮美，虫鸟的尺寸世界也自有其乐趣，宋荣子明乎荣辱，列御寇御风而行，但他们皆有所凭依，这便是我们苦痛的来源。无所待，无所用，即无所苦。

《庄子·齐物论》说：天地与我并生，万物与我为一。万事万物从本质上讲并没有什么区别，我们在兹念兹的生与死、寿与夭、贵与贱、荣与辱、成与毁从本质上讲都是一样的。

庄子一直用自己的生命描绘着绝对自由状态，绝对自由首先是身体的绝对自由，然后就是心灵的绝对自由。庄子坐在妻子的棺材上鼓盆而歌似乎表明他已经进入了某个我们不知道的世界。但“自由是不自由的”，一只鹅会叫，一只不会，不会叫的被杀了，山中的树却因不成材而存活了下来。庄子的方法是让自己处在材与不材之间。

老子说绝学无忧。庄子说是就是非。后期墨家说：如果是这样，那道家自己首先就该闭嘴！

资历最深的“隐君子”名叫许由——那个刻意跑去河边洗耳朵的骗子。他对巢父说尧要禅位给他，他觉得这是对他的侮辱。巢父说事情的真相很可能是许由沽名钓誉，明明是尘缘未断、贼心不死，却还要宣布说自己是个隐士。

中国历史上最不缺的就是“著名隐士”，陈抟老祖以睡为隐，称华山睡仙，一觉可以睡足三年。

以注《老子》而名垂青史的“河上公”据说是真正的隐士，《神仙传》说：“河上公者，莫知其姓名也。”

历史上的大部分隐者只是以“隐”的方式表达自己的某种态度和情绪，这跟另外一些人热衷仕途其实没有太多区别。大家真正追求的都是一种“存在感”，人海浩渺，我们即便没有自我迷失，也会被轻视、被忽视、被漠视。大部分时间里，对别人来说我们只是一个无伤大雅的影子。

《论语》中那些隐逸之士似乎只是在不经意中显山露水，背草筐的人、开城门的人、水边的高个子、水边长相凶恶的人、从孔子车前走过的人……我们一直在明处，而他们随时可以找到我们。

杨朱、老子、庄子面容模糊，但他们都有学生，有言论，好像没有刻意去“隐”，这与他们的身份一致吗？老子真的会轻易留给我们“五千言”吗？于是人们杜撰了一个老子的弟子尹喜。因为老子赶着出关，又拿不出通关文牒，被迫以五千字换取出关身，就像是一位偷渡的诗人被海关警察命令交出他的诗歌一样。其实按照老子的行事风格，他一定要出关吗？

说起来让人难以置信，《老子》最初只是一块敲门砖，是老子用来行贿的罪证。

隐士们进入山林之后他们会在意什么？他们因为对俗世的绝望而决定离开，离开之后他们有必要继续选择表达吗？或者说他们只是以躲进山林的方式继续表达着对现实的不满，而且他们渴望别人知道他们的不满。“隐君子”们把表演的舞台搭建在了山林密处，因为这样可能引来更多人的围观。这些人可能是同伴，也可能是世人。观众越多，表演效果也越火爆。只有在这种情形下，这些机会主义者的归隐才是有意义的。

还有另外一种情况——他们不携带任何情绪进入山林，就像人迹不至的山涧里无比灿烂的辛夷花，它们并不为任何人开放，一切都是自然而然的，它们开过之后就飘落了。如此周而复始，在这生生不息中根本就没有人的参与。孤独的人像花一样美丽，他们是山中的精灵，大地知道，天空知道，飞鸟知道。

如果我们没有看见，那花开花落还有意义吗？这仅仅是我们的问题，与花无关。

道家的孤独本身是没有意义的，孤独只是他们存在的方式，或者说孤独只是我们外人的观感。对“隐君子”们来说，唯有当这种孤独感伴随着其身影一并消失之后，他们才是真正的隐士——当然我们根本就没有机会知道他们是谁。

天空中没有留下翅膀的影子，但小鸟已飞过。

万古长夜之后孔子诞生了，他带领三千儒生四处奔走。在缺乏公共传播平台的春秋时期，三千个弟子就是三千个自媒体，这使得孔子有更多机会成为别人的攻击目标，也让全天下都听见了他们的声音。接着墨子出现了，跟孔子相比，他的态度更鲜明，心胸更广阔，手脚也更勤快。然后便是老子，他动口不动手，只负责讲大道理。

孟子说：“天下之言，不归杨，则归墨。”秦汉之前是儒道墨三家，秦汉之后是儒道释三家，真正影响中国人气质的其实就是儒道两家。孔子影响的是全体中国人，但老子改变了一部分中国人的思维方式。两千年里，孔子大体相当于“执政党”，老子一直是“在野党”——但不是反对党。

最初的牛奶生产者只听从自己的内心，他们敬畏天道，有追求，有底线，那时的牛奶可以放心饮用，这是儒家的理想社会。然后人心变坏了，政府变强大了，强大的政府设法全方位、全天候监控所有牛奶生产参与者，结果我们怀疑所有人，也被所有人怀疑，这是法家社会。还有一些人，他们自己养牛，自己挤牛奶，这是道家的风格。

儒家与道家，一个代表着雄浑的黄河，一个代表着清灵的长江；一个是高不可攀的庙堂，一个是遥不可及的江湖；一个是太阳，一个是月亮；一个是岸上灿烂的白杨，一个是水中模糊的倒影。孔子是站在地上的，因此他显得真实而且可以触摸；老子是飘在空中的，他显得神秘莫测。孔子的每句话都有确切的指向，老子说过的每一个字都让人觉得不可思议。

儒家无功而返，墨家灰飞烟灭，法家死于非命，道家无论做与不做，最终选择的都是飘然出世。孔子关注的是我们应该成为怎样的人，我们应该如何与别人相处，老子苦思冥想的是这个世界的本质是什么；孔子设法让自己适应都市，老子让自己流落乡野；在孔子的世界里，每个人都会死，但奋斗是有意义的，在老子的世界里每个人都可以成为神仙，而神仙是超越生死的。

孔子是一只犬，我们总是能够解读他的脸部表情和身体语言，即便在他“丧家”之后，我们也大体知道他在想什么；老子是一只猫，他的形象一直都是晦涩难懂的，事实上，猫从未被人类驯服，它对人类的唯一诉求就是定时定量的食物。

孔子带领我们步入纷繁人间，老子引导我们走向天真世界。

老子讲的是大道理

我们为什么选择《老子》?

下医医病，中医医国，上医医人。大多数时候我们自认为身体健康，无须延医问药。孔子之学以齐家治国平天下为价值取向，进入中国人内心的密钥尽在《论语》，能洞悉中国人秘密者自当可以笑傲庙堂，但对普通人而言，这属于大而无当的人生愿景；老子则准确定位你在宇宙时间和空间中的坐标——老子告诉你，你是谁。

领兵打仗或将人生视作战场者也有三个选择：《三国演义》《孙子兵法》和《老子》。《三国演义》是小说家言，提供的是经典案例，最讲究变通；《孙子兵法》是军事理论，悟性不足者容易陷于纸上谈兵；《老子》讲的是天上人间的大规则、大道理，万事万物概莫能外。

与此同时，世事艰难，人心复杂，前路迷茫，社会在高速发展，急吼吼的人流在滚滚前行。每个人的梦想似乎都在变成现实，但所有的人却好像都不开心。

互联网二十年、改革开放三十年正在陷我们于“三千年未见之大变局”中，我们的内心从未像今天这般迷乱，祖先遗留给我们的这片土地的上空也从未如今天这般的迷蒙。

须得承认，更多的时候我们无法控制结果，不管此前我们已经付出了多少努力；这个世界上还有许多事情我们其实并不了解，尽管我们确实比以前更聪明了。有大成就的人都知道自己的一生充满了侥幸，他们总是强调撇开所有可以控制的因素，很多时候，自己只是比别人的运气稍稍好一点。

如果我们的运气总是一般，我们该如何释怀?

这是一个积极有为的时代，我们有不成功、不优秀的权力吗？这是一个每个人都在尽量抓取的世界，我们可以选择放下吗?

孔子告诉我们要努力，要争取成功，即使不成功也是有意义的；老子的选择是转身而去。事物发展自有其内在规则，大多数时候我们的“有为”只是自作多情。孔子从一开始就被人嘲笑、挖苦，但从未有人这样对待老子。

前路漫漫，回程却有机会无限靠近我们的灵魂。所以我们选择向后转，我们决定逆流而上，穿越两千五百年的迷雾，努力将目光停留在一位披发行吟的老人身上。他睿智而深刻，他因对宇宙人间的纷扰洞若观火而飘然出世。

他就是老子，《史记》为他勉强凑了半篇传记，但400字中只有第一句比较靠谱——老子者，楚苦县厉乡曲仁里人也。苦县厉乡在哪里？河南鹿邑和安徽亳州都能拿出“确凿”的证据证明那里就是老子的故里。

其实没有人知道他是谁。

数十年前的记忆因为越来越快的刷新频率而变得模糊不堪，我们依然对秦皇汉武乃至更早的那些事情割舍不下。

我们有资格读《老子》吗？《老子》文字艰涩，意蕴高妙，两千年来跟它有关的文字大概比天上的星星还多，一部《道藏》据说可以装满5G的硬盘，没有人可以通读一遍。我们在《老子》上消磨的时间和努力则可以忽略不计。

王弼的《老子注》和河上公注本是历代注老、解老都无法忽略的版本，而王弼的注本毫无疑问“是古注中第一流的作品”（陈鼓应语）。王弼是三国时期的经学大师，历史上第一个根据个人好恶修改《老子》的人。他以23岁的全部人生旅程为我们缔造了经学研究不可思议的高度，这是否在暗示我们时间和努力并不是进入《老子》的唯一路径？

袁枚说：苔花如米小，也学牡丹开。问题的实质在于根本就不会有人在意苔花是否曾经开放过。牡丹花开表明春天已经来临，而对苔花来说，自己还没有开放，春天就不算真的来了。

这就是我们“重复”一遍先贤们做过的工作的意义。

《老子》从哪里开始？这是另一个艰难的问题。

子路有一次没赶得及进城，就在城门外待了一夜。第二天负责开城门的小吏问子路从哪里来，子路说：自孔氏。小吏就问是不是那个知其不可为而为之的家伙。

跟孔子一样著名的是他的知其不可为而为之。为了礼乐文化，孔子一生奔波、口干舌燥；为了复兴文王、周公之道，跟叛贼合作都是他心中的选项。

那位守城的小吏语带讥讽，令人难堪，因为在他们看来孔子的所有努力都毫无意义。

百家争鸣第一个站起来发言的是孔子，孔子告诉我们所有的努力都是有意义的。老子却告诉我们结果都一样。

老子说："万物并作，吾以观其复也。"圆是宇宙的基本形状，无论世间万物如何变化，最终它们都要回到原点。

人间浮华迷惑我们的双眼，天真世界才是我们永恒的家园。

西部沿海高速进入广东新会后有一座特大型双塔单面斜拉桥，取名崖门大桥。我第一次见到它是在一个夏季的黄昏，那一天的晚霞格外灿烂，彩霞映衬下的海面宛若一片血水，那座被漆成红色的斜拉桥就像两团巨大的火焰。

桥下便是崖门海战的古战场，恍惚间你会以为那两团巨大的火焰已经熊熊燃烧了八百年。

1279年的一个相似的黄昏，广东新会潭江入海口——就是那座斜拉桥下的海面上风雨大作，蒙元和南宋开始了最后的大决战。说是决战，其实就是蒙元对南宋的大屠杀。蒙古人的脚步正在逼近，左丞相陆秀夫知道事已不可为，便劝说少帝：国事至今一败涂地，我们君臣唯有一死以谢天地！言毕，以黄丝带将宋少帝绑在自己身上，跳下"龙舟"向大海深处奔去。没有人知道那一刻在少帝的震天哭声中，陆秀夫心中是否有过一丝的犹疑。

在中国历史上，忠心耿耿的老臣怀抱着年幼的皇帝一同投海的场景，这是绝无仅有的一次吧！

宋少帝名赵昺，死的时候年仅8岁。少帝的母亲杨太后得知儿子已死，随即跳海，随同少帝殉国的朝廷诸臣和后宫女眷据说有十万人之众。那一日的残阳格外扎眼，“昨朝南船满崖海，今朝只有北船在”。被囚禁在元军船中的文天祥，目睹了崖门海战中最惨烈的一幕：大宋少帝连同十万宋朝军民纷纷投海殉国。数日后，海上浮尸一片，山河为之变色。

少帝赵昺的遗体在大海中漂浮千余公里，最终在深圳蛇口之赤湾被一位老僧发现，并设法筹资安葬。今天深圳南山赤湾有宋少帝陵，是广东省内仅有的帝王陵寝。除了旁边文物部门的一块石碑外，已经看不出它的规模、形制跟寻常百姓家的墓地有何区别。

从徽钦二帝被掳开始，南宋朝廷几乎从未停止过一路南逃的脚步。临安曾经为赵匡胤的子孙们提供了百余年的安逸与浮华，但他们从来都没想过为自己和子孙做更长远的打算。他们曾经协助蒙古人消灭了女真，但转眼间蒙古人就杀到了跟前，他们早已十分柔弱的腿脚再次开始了一路狂奔，金华、宁波、福州、广州，在很长一段时间内南宋朝廷的全部排场就仅限于一艘颠簸的“龙舟”上。他们甚至想过到越南或者泰国去“流亡”，但他们的“雄心”最终止步于广东新会的崖山。

960 年的大年初一，赵匡胤以后周禁军统领的身份出征——契丹人来袭，边关告急。仅仅过了两天赵匡胤就回到了开封，但此时的赵匡胤身披“黄袍”，他的身份变成了大宋皇帝。

当惊魂未定的后周皇帝周恭帝和符太后恭恭敬敬地将玉玺递到赵匡胤的手上时，这位曾经负责保卫皇室安全的禁军统领心里一定有愧疚吧！这位恭帝的父皇——周世宗柴荣曾经是赵匡胤的恩人和兄弟。赵匡胤发誓说，柴氏子孙永不加刑，即便是谋逆之罪，也止于狱中赐自尽，不连坐支属。

后周亡国时恭帝柴宗训 8 岁，符太后还是一位 20 多岁的年轻女子，这是一个不太有主意的年龄；南宋最后亡国时末帝赵昺 8 岁，杨太后也只有 20 多岁，需要为江山社稷拿主意的时候她同样显得太过稚嫩。

北宋灭亡是以徽钦二帝被金人北掳为标志的，三千多名皇室成员及满朝文武以这种无比屈辱的方式永远离开了自己的故乡，那一年是 1127 年；1276 年蒙古人攻陷临安，谢太后和宋恭帝赵显被蒙古人掳去——三年后陆秀夫不愿看着大宋第三位皇帝被掳而选择携赵昺崖门投海——赵显成为蒙古人的俘虏时只有 5 岁。日后忽必烈命他到西藏为僧，却又留下另一段公案。

恭帝投降，南宋其实已经亡国，但南宋一群士大夫出于各种考虑不愿面对事实，勉强拥立赵氏遗脉负隅顽抗，直至崖门海战。

从周恭帝到宋恭帝，时间的跨度超过了三百年，两位恭帝脸上最终呈现的却是一模一样的表情——恭顺中难以掩饰的惊恐——就像历史上无数的巧合想要告诉我们的那样：一切都是要还的。

无限婉约的大宋于 1279 年被蒙古人彻底摧毁，一个浪漫而雅致的时代随风而去。

历史教科书告诉我们说宋是一个积弱积贫的朝代，“弱”是宋的主动选择，“贫”却是一个彻头彻尾的谎言。

君弱臣强，赵匡胤才有机会从孤儿寡母手上抢皇位，做了皇帝的他首先要考虑的是如何不让皇位再被别人抢去。他有一百个理由对每一个拥有兵权的人都显得小心翼翼，他不能让肇始于唐代的地方军事割据威胁国家安全的情景再次出现。他对手下那些骄兵悍将采取的策略就是大肆赏赐，一杯浊酒让他们豁然明白人生的意义其实就是世俗的享乐。文人领兵算是赵匡胤的一个发明。

但宋代的经济文化却达到了前所未有的高度。尽管大宋屡战屡败，他们需要赔付的价码越来越高，但似乎一点也没有影响中原那三百年的繁华，两宋的细腻与慵懒也在一定程度上影响了今天中国人的气质，杭州人宋瓷一般精致的做派绵延至今。

200 万平方公里的南宋经济规模占当时全世界的六成，这是中国人数千年来创造的一个绝无仅有的高度；北宋的开封城里住了大约 150 万 ~ 170 万人口，同时期欧洲大城市的人口数可能是数万，而直到清代，北京城里也只有数十万人。在一千年前管理百万人口的特大型城市绝不是一件简单的事情。资料表明，当时的开封城里已经有了装备先进、管理严密的消防部门，单是专业消防人员就有数千人。

从另一个角度看，宋只是碰巧遇上了几个恶邻和一个相对野蛮的时代。这些恶邻包括西夏、契丹、女真和蒙古人。时代的野蛮性表现为如果你的邻居家很有钱，你就可以明火执仗地去抢，根本不需要任何借口。

恶邻们脚下的土地天生苦寒，那里的生活粗鄙如砾石。大宋是他们共同的绮梦，那里物产丰富、气候宜人，那里的生活尊贵而浪漫，那里的女人温柔如水。

马背上手持弯刀的成吉思汗的长项似乎并不是经营一座城市或者一个国家。

但成吉思汗会在意我们怎么看他吗？“元朝”在很大程度上可能只是我们的一厢情愿，在成吉思汗的心目中应该是一个横跨欧亚大陆的大蒙古帝国。虔诚信奉佛教与萨满教的成吉思汗将“天下”划分成四个汗国，分封给了他的子孙。200 万平方公里的大宋仅仅是他伟大理想的一个角落，鼎盛时期的元帝国加上一些附属国的疆域面积可能超过了 3000 万平方公里。跟日后满族人的谨小慎微比起来，成吉思汗显得更自信、更随性，他多少有点像那个名叫项羽的楚人：肆意而为，攻而不取，快意恩仇，根本不屑于做精打细算。

柔弱的两宋存续了 319 年，而接下来彪悍的蒙古人却只是勉强维持了七八十年的光景。就像一个病恹恹的人长命百岁，一个身体强壮的人却英年早逝了。这就是生命原本的道理。

当年女真人在北宋的帮助下赶走了契丹人，转眼间女真人建立的金就灭掉了北宋；百多年后，南宋协助蒙古人赶走了金，紧接着蒙古人就灭掉了南宋。

这也算是历史的轮回吧！

1368 年，曾经为了活命被迫到寺庙里为人担水劈柴的那个名叫朱重八的小和尚领着一群庄稼汉杀进了元大都，元顺帝未做任何抵抗——对善战善胜的蒙古人来说这是一个意味深长的举动。元帝国的统治正式终结。

但事情不会这么简单。朱重八变成了朱元璋，似乎正不可一世地朱元璋将蒙古人赶出北京后并没有赶尽杀绝，因此史称北元的那个蒙古王朝得以在漠北又存续了数十年。

明朝建立后，有一个说法在一定范围内流传，说放弃抵抗的元顺帝其实是汉人。南宋恭帝赵显1276年被蒙古人掳去，后到西藏出家为僧，并有机会与一位蒙古公主育有一子，若干年后这位“赵氏孤儿”机缘巧合成了元朝的皇帝，他就是元顺帝。近人王国维考证后认为此说不谬。如果真是这样，蒙古人其实在朱元璋之前已经悄悄将江山交还给了赵匡胤的子孙。

明太祖朱元璋幼年家贫，曾入皇觉寺为僧，是中国历史上真正的平民皇帝。

朱元璋40岁为自己打下一片江山，70岁忧劳而逝，算得上一位有作为的皇帝。朱皇帝临终前颁布诏书说，他自知出身寒微，然而社稷事大，他一生筚路蓝缕，从不敢懈怠，为千秋万代的大明江山奠定了还算坚实的基础，他希望朱氏后人永不堕落。

嫡长子朱标从小就被当作未来的皇帝精心培养，他宽厚仁慈，心系天下，似乎算是一位理想的皇位继承人。与此同时，为了这位书生太子可以顺利接掌大位，朱元璋不惜背负滥杀功臣的骂名把有可能不驯服的开国功臣们一一清除完毕，大明江山似乎可以按照朱元璋的旨意一世、二世乃至万万世了。

然而这位忧郁的年轻人只活了36岁，做了一辈子的太子。不久朱标的长子去世，朱元璋只得立朱标的次子朱允炆为皇太孙。太孙生性懦弱，但是朱元璋已经来不及另做打算了。朱元璋死后，20岁的朱允炆即位，是为建文帝。

紧接着就是朱元璋的第四个儿子燕王朱棣发难，打着“清君侧”的旗号发动了靖难之役，他用侄子焦炭一般的尸首换来了自己的皇帝宝位。

然而真相也许是这样的：朱棣杀进皇宫时，建文帝记起祖父临终前留给自己的一个铁函。打开铁函，里面是一袭袈裟、一把剃刀和一份代表和尚身份的度牒。建文帝焚宫后化身为僧由密道遁去。

朱元璋以和尚起家，他的孙子以和尚了结，虽说是巧合，却也暗含着某种机缘吧！

朱棣在位22年，他寻找张三丰的行动也进行了22年。郑和下西洋是中国历史上中西交流的大事件，无比豪华的船队先后七次扬帆起航，浩浩荡荡，遮天蔽日，朱棣仅仅是为了向全世界示威吗？

老百姓都说朱棣心里有鬼，他“知道”建文帝没死，明着是找张三丰——算起来张三丰此时该有200岁了——实际是探寻建文帝的下落。也有消息说建文帝可能已流落海外，那么郑和劳师动众是为了和平和经贸吗？更多的人相信这只是建文帝搜索工作的一部分。

某日朱棣收到确切消息，证实建文帝已死，郑和的庞大船队永远收起了桅杆，寻找张三丰的行动也随即宣告结束。

数月后朱棣病死于军中。

时至今日遍布国内有关建文帝下落的遗址据说有百余处，至少说明建文帝出家为僧的说法并非完全空穴来风。

朱棣也算是中国历史上有作为的皇帝。太祖开国基，但真正奠定大明国势的是这位永乐大帝。可是有谁真正知道他内心的隐痛与提心吊胆呢？被以方孝孺为代表的南方士子们斥为篡逆也就罢了，万一有一天建文帝真再冒出来，他这位永乐大帝该如何面对天下人？

表面上朱棣早已战胜了建文帝，其实他们之间的斗争一直都没有停止过。

1644年，34岁的明朝末帝崇祯迎来了他人生的最后谢幕。李自成的军队已经逼到了家门口，崇祯逃至煤山，对面就是火光冲天的紫禁城与300年的朱明江山，此时崇祯身边只剩下一个随身的老太监和他最心爱的长平公主。16岁的女儿牵着父亲的衣服号啕大哭（《明史》中有“主牵帝衣哭”的生动记载），曾经是世界上最有权力的男人此时此刻却无法给爱女提供最基本的庇护。崇祯长叹一声：“尔何生帝王家？”以袖遮面挥剑刺杀公主，随即自缢于旁边一棵老槐树上，老太监服侍完崇祯上吊亦自尽。

那位长平公主只是被父亲砍断了左臂，她隐姓改名遁入空门，便是日后那个见首不见尾的独臂神尼。她更“不堪”的经历却是金庸笔下韦小宝的师傅——那位叫九难的尊贵而忧郁的江湖高手。这些当然只是民间的说法，正史的记载是长平公主醒来后被清军所掳，公主请求顺治赐自己出家为尼，不准，逼其嫁人，公主抑郁而死，年仅17岁。粤剧经典剧目《帝女花》的女主角便是这位长平公主，在省港之间拥有广泛受众。由甄妮小姐倾情演绎的同名流行歌曲在 KTV 的点击率很高。“怕驸马惜鸾凤配，不甘殉爱伴我临泉壤。寸心盼望能同合葬，鸳鸯侣相偎傍。泉台上再设新房，地府阴司里再觅那平阳门巷。”女人决意赴死，唯一不舍的是自己的爱情，她期望到阴间跟爱人一样可以卿卿我我，男人心里是什么打算她又没有把握……这里已经没有什么国恨家仇，有的只是缠绵悱恻的凄绝爱情。

“帝女花”也是菊花中独一无二的品种，其花型清雅而尊贵，大有帝女之气韵。

如果说建文帝出家为僧只是了结了朱元璋皇觉寺出家那一段机缘的话，这位若隐若现的佛门老尼又为大明做了一次彻底的了断。

朱棣迁都北京后用 3 年时间重修了紫禁城，可他却用 17 年时间在南京修建了大报恩寺。

大报恩寺以它前所未有的体量和精巧充分见证了朱棣的雄心和孝心，但这是一座避重就轻的建筑。

世人都说朱棣是篡位，但那毕竟是他们兄弟之间的事情，说是家事外人也不好置喙。朱棣觉得有必要通过强调自己作为朱元璋和马皇后嫡生儿子的身份，以获得天下人某种程度的谅解。不管别人怎么想，报答朱元璋和马皇后的恩情，似乎可以大大增加其王位的合法性，因为至少全天下的人都知道他是太祖皇帝和皇后的亲生儿子，尽管他不是嫡长子。

朱棣成功转移了天下人的视线。那座金碧辉煌的寺塔却从一开始就充满了神秘色彩。据说当时全南京的百姓从任何一个角度都可以看见通体发光的琉璃塔身，可以听见塔身上成千上万个巨型风铃发出的悠扬乐音。

清兵杀入南京后，他们在大报恩寺的大殿内发现了朱元璋和马皇后之外的第三个人——一个神秘的蒙古女人碽氏。这个蒙古女人是谁？朱棣究竟是谁的儿子？

1368 年朱元璋攻陷元大都，并收获一位美丽的蒙古族女子碽氏。据说她是元顺帝的一位妃子，这位妃子日后生下一个男孩，便是朱棣。很难说朱棣彪悍的性格中有多少蒙古人的基因，但是人们还是隐隐约约听说这位女人是一位蒙古妃子，她在元大都陷落时已经怀有身孕，她的离奇身亡似乎也是某个不能说的秘密的佐证。

如果朱棣真是一位蒙古王子，大明江山在建文帝之后便又以这种离奇的方式回到了蒙古人手中。中国历史上唯一一位真正的平民皇帝辛苦一生，绞尽脑汁以为朱家的皇位可以真的传至万世，到头来只是为蒙古人暂守江山而已。

他应该还记得自己当年“驱除胡虏，恢复中华”的口号吧！

如果王国维的考证无误，元顺帝是赵显的儿子，朱棣实际上应该是赵显的孙子，这样算来，天下直接被朱元璋交还到了赵宋手中。天下姓朱还是姓赵，是汉人还是蒙古人，有时候真的不能太认真。

但身为帝王却不能不认真。认真的秦始皇大杀功臣，刘邦杀功臣，李世民也杀功臣，开国帝王没有不杀功臣的，但没有人像朱元璋那样肆无忌惮、赶尽杀绝。赵匡胤不是已经有了另辟蹊径的思路了吗？朱元璋是个认真的人，皇帝常常是天下最“认真”的人，有人计算出中国历代帝王的平均寿命只有 39 岁——他们其实原本不必如此认真的。

清太祖努尔哈赤称帝后亲征蒙古之叶赫族，叶赫部首领布扬古率妻子儿女登上高台宁死不屈，并对天发誓：“我叶赫族即便只剩下一个女人也必报今日之仇！”

三百年后，大清葬于慈禧之手。慈禧原名叶赫那拉·杏贞，正宗叶赫部族后裔。

1643 年大清第一个皇帝皇太极猝死，6 岁的福临即位，第二年大清入关，福临的母亲孝庄忍辱负重得多尔衮相助，孤儿寡母勉强撑起一片江山。1908 年末帝溥仪即位时只有 3 岁，此时的大清已经是内忧外患，千疮百孔，慈禧贵为万万人的老佛爷，表面上权倾天下，但凭他们孤儿寡母早已无力回天。

1912 年清帝退位，此时的溥仪也是 6 岁。

孤儿寡母入关，孤儿寡母出关似乎也只是一瞬间的事情。

清太祖努尔哈赤 1559 年 2 月 21 日出生于今辽宁省抚顺市，1950 年

8 月1 日，清朝最后一位皇帝溥仪被转送至辽宁省抚顺战犯管理所接受劳动改造。

抚顺，沈阳近旁的一座破落小城，一个盛产煤炭的地方。清朝第一位皇帝与最后一位皇帝跨越四百年以这样的方式在辽宁抚顺会面，虽说是巧合，但也算是造化弄人，人算不如天算吧！

女真是生活在中国东北的一个古老民族，北宋末年在中国北方建立金政权，立国百余年，1234 年被蒙古人灭国。建州女真是女真部之一支，1588 年，其首领努尔哈赤统一女真各部后创立了军政合一的八旗制度，并废除旧有族名，改称“满洲”。

1644 年，在吴三桂的帮助下，满族八旗区区数万人侥幸入关，由此开启了清朝 268 年的统治史。

女真灭契丹，后被蒙古人所灭，蒙古又被满洲灭掉，这些来自同一片白山黑水之间的族群，你来我往，究竟谁是最后的胜利者？

秦的历史其实就是一部秦人与马的关系史。

据《史记·秦本纪》载，秦的先人造父善御，造父曾向周王献“八骥”——有史以来最名贵的这八匹骏马深深俘获了周穆王的心。穆王西巡，乐而忘返，偃王作乱，造父为穆王御，长驱归周，一日千里以救天下，穆王以赵城封造父，为赵氏。

而早在舜的时期，秦的先祖就因牧马有功，赐嬴姓。秦人世代在陇东高原为周养马、驯马，秦人与马很早就建立了深刻的联系。赐姓、封赵乃至立国，至少有一半的功劳要算在秦马的身上。

幽王被杀，秦人千里护送平王东迁，秦始立国。

从这一天开始，秦王的目标就是中原，秦人的理想就是天下。秦人的统一大梦一做就是六百年，这一伟大使命最后传到了秦始皇的手上。他不辱祖先使命，开动中国历史上这架最高效的战争机器，攻无不克。

战争中速度就是一切，冷兵器时代的“马上”就是超声速。秦人凭借着胯下无比矫健的高头大马以及他们日益娴熟的骑术横扫六合，席卷天下，所向无敌。

同样是这个最强盛的帝国，几乎在一瞬间便轰然瓦解了。两个戍边的小卒选择挑战秦帝国时，那架杀人机器意外失灵了。其时塞北还有蒙恬的三十万大军，任嚣与赵佗在岭南也有五十万将士，他们在国家最危难的时刻同时选择了沉默。就算赵佗在岭南将战马换成了耕牛，塞北那三十万虎狼之师呢？当年秦始皇兴修驰道不是已经为今日之势做好了铺垫吗？秦军本可以驱动胯下战马顺着驰道一两日赶至咸阳的，然而他们紧紧勒住了手中的缰绳。

秦始皇死后，胡亥在阉人赵高的安排下即位。某一天，赵高牵来一只梅花鹿，问秦二世这匹“马”雄壮否，秦二世笑曰：丞相口误了，这明明是只鹿。然后旁边的大臣们都做证说确实是匹马。赵高就像一个真正的“黑客”，他在秦二世的认知系统里成功植入一个病毒，致使秦二世的“系统”瞬间崩溃。秦二世此后的言行多为系统故障后乱码式的显现，这样一个系统错误的人拥有再快的战马都没用。

马是秦人生命的另一种呈现方式，赵高指鹿为马是对胡亥智力最恶毒的嘲笑与攻击，没有秦人可以抵挡得住这种进攻。

仅仅 14 年，秦国历两代而亡，令人嘘唏不已。历代帝王们一直在思考这是为什么。

“灭六国者，六国也。”秦也是被自己灭掉的吗？

在秦始皇心中，陈胜吴广算什么东西？两个戍卒而已。但正是这两个微不足道的小人物开启了亡秦的大幕。

历史常常会突然改变它的运行轨迹，秦始皇的突然死亡肯定是大秦帝国灭亡的重要因素。就算蒙恬和赵佗不在身边，临时由二十万骊山刑徒组建起来的秦军在章邯带领下，一样可以将数十万的农民起义大军杀得四处逃窜，即便是更强大的项羽也没有战胜秦军的绝对实力。

公元前 210 年 7 月，秦始皇病死沙丘时，秦还是不可战胜的；公元前 209 年 7 月，两个戍卒大泽乡起事时，天下似乎已经变得不可收拾了。先后只差了一年时间。

秦究竟发生了什么？“仁义不施”导致秦由强势进攻变成被动应付，但很难说这就是秦亡的根本原因，因为秦从来就不是一个仁义之邦，他们量化军功的唯一依据就是你腰间悬挂敌人首级的数量。

封建制一夜间变成了郡县制，没有了血缘的连接，每个人都打起了自己的算盘。但施行封建制的周最终消亡了，曾经的骨肉兄弟杀伐起来并不含糊。刘邦随后也部分恢复了分封，但事实证明真正觊觎刘氏江山的正是那些刘氏的子侄们。

法家文化像一味虎狼猛药，疗效显著，副作用也不小。秦在商鞅变法后迅速崛起。到中原去，统一天下！秦人六百年的梦想变成了现实，十年间，二百万六国将士的尸骨堆起了一个大秦帝国，但这个帝国似乎又在一夜之间回到了起点。

楚虽三户，亡秦必楚！这就是秦人永远无法醒来的噩梦，秦始皇可能永远都无法明白自己真正能改变的为什么这么少。

两千两百年过去了，不可一世的大秦帝国遗留下来的似乎只是一处兵马俑了。那一排排的兵俑队列整齐，俑坑中的战马依然威严无比，屏声静气间似乎还能听见它们雷电般的嘶鸣声。

秦人已逝，马俑尚存。当年令人血脉偾张风一样的生命如今只剩下了一堆勉强站立的陶土碎片。除了凝固的气势，他们再也无法在六国的大地上扬起冲天的尘土——让人觉得秦始皇当年的大智慧、大手段、大作为也不过是自作多情罢了。

《三世因果经》说：相貌端庄为何因，前世鲜花供佛前。既然我们不可能改变我们的“前世”，如果我们太执着于我们的“今世”同样属于自作多情。

《史记》载，秦末楚汉相争之时，魏公子豹自立为魏王，后宫有女为薄姬。相士说薄姬命贵将生天子，魏豹原本与汉王合力对抗项羽，听说薄姬会生天子，就开始打自己的小算盘，于是他离开汉王单干。不久刘邦杀了魏豹并将薄姬收入自己的后宫，“一幸生男，是为代王”。代王日后即位，便是开“文景之治”的汉孝文帝。

薄姬真的生了一个天子，但魏豹的命运没有丝毫的改变。这样的历史细节想告诉我们什么？

跟秦一样历两代而亡的帝国还有隋，它在终结了近四百年的南北朝大分裂之后，仅仅过了 32 年便宣告亡国。当年隋文帝杨坚尽杀北周之宇文氏，若干年后隋炀帝杨广在扬州被宇文化及亲手缢杀。

2013 年，国家文物局正式对外公布位于扬州邗江区西湖镇的隋唐墓葬为隋炀帝和萧皇后的合葬墓。报道说，这次挖到隋炀帝陵的地产公司的一位老总名叫杨勇。而在一千五百年前，杨广先是机关算尽唆使隋文帝废黜太子，随后又假造隋文帝的遗诏缢杀了太子，太子的名字也叫杨勇，是杨广的长兄。

太子报仇千年不晚——这当然只是一次神奇的“撞名”，过度解读并没有太多意义。倒是两个最有作为、最为强盛的朝代同时也是中国历史上最短命的王朝，其中是否暗含着某种宿命呢?

周施行的是封建制，周天子的兄弟和主要功臣变成了诸侯。这是一种精明的设计，至少在周的前半段里它是王室安全的屏障。但它的弊端也很明显，随着时间的推移，逐代世袭的诸侯们与周王室的血缘联系越来越模糊，就像是一棵参天大树，树梢距离树干越来越远，本来是父子兄弟，拼杀起来一样刀刀见血。

秦统一六国后有人提议秦始皇分封天下，但它显然不合始皇帝的口味，郡县制肇始于秦。封建制度下的周天子与诸侯之间关系松散，诸侯在自己邦域之内俨然就是一个小天子；相对而言，郡县长官在秦始皇面前永远都不可能有真正的尊严。它由中央直接任命，而且不能世袭，郡县制使得各郡与王室一开始就缺乏亲近感。

汉刘邦采取的是中庸之法，既分封天下，又保留了郡县，此后各朝也大体在分封与郡县之间摇摆。

秦始皇结束的是春秋战国五百多年的大动荡、大变乱。两千年后，满人退出历史舞台时留给中国的依然是一个大动荡、大变乱的时代——从二次革命开始，袁世凯称帝，到张勋复辟，加之倭人入侵，绵延半个世纪的战乱恍惚间让人觉得又回到了东周时期。

汉承秦制，中国迎来了四百年的大发展时期，汉之后便是四百年大分裂、大动荡的三国两晋南北朝时期。

从汉代开始我们有了区别于其他民族的身份，这当然来自比对，即我们正在学会与外族平等互动。唐人甚至已经具备了世界眼光。

隋唐一体，三百年的盛世，接下来又是半个世纪的五代十国，还是一个动荡变乱的天下。

大宋三百年创造了经济文化的新高度，紧随其后的是蒙古人的黑暗统治，时间也有七八十年。

明清六百年后又经过半个世纪的大混战，才有20世纪中叶新中国的成立。

孟子说："天下之生久矣，一治一乱。"中国历史左右不过八个字：分久必合，合久必分。

由汉至清大抵都是三四百年的气数，前面百余年快速发展至鼎盛时期，然后迅速滑落至谷底，接下来的百余年基本属于苟延残喘。

秦盛极而衰似乎只是一夜间的事情，汉在"文景之治"之后国家开始富足，汉武帝时达到顶峰，但随即变得衰弱，接下来的日子几乎就是在消磨时光。盛唐的顶峰在唐明皇时期，755年安史之乱同样是在一夜间将大唐置于疲于应付的局面。由此开始，阉人肆虐，他们甚至可以将不合自己心意的皇帝随意锤杀。

唐末朱温杀昭宗、废哀帝后在开封称帝建梁，在位六年后被儿子友珪所杀。在此之前的李世民杀兄逼父似乎早已为朱温做出了榜样，而在更早之前隋炀帝杨广已经开创了杀兄逼父的先河。

明成祖朱棣在位22年，文治武功有大建树，史称"永乐盛世"，但朱棣一死，朱明王朝便开始堕落，直至灭亡。

历经康雍乾三朝的积累，清帝国迅速变得强大，但乾隆之后嘉庆即位，清朝之历史随即变成了一部血泪史。

从公元前221年秦统一中国到1912年清末帝正式退位，历时两千一百多年，其间无数的血雨腥风和悲欢离合都已随风而去。刘汉李唐，赵宋朱明，朝代在更迭，皇宫里又搬进来一位新皇帝，对这位"新人"来说世界真的变了，而如果我们跳开姓氏之局限，对我们脚下这片土地来说其实并未发生任何改变。即便是一朝一姓中子弑父，弟弑兄也时有发生，这样说来从秦至清也算是万古一系了。

老子最有可能的身份是史官，历史变迁中某种宿命式的东西一定曾经深深影响了他。我们这里只是搜索到几个教科书上不讲的历史细节，时光遥远，其中或以讹传讹，或牵强附会，它们距离历史真实到底有多远实在难以深究，但这些细节能够留存下来，至少说明有人愿意相信它们。

即便那些细节全是假的，其中暗含的“大道理”也无疑是真的。

冬去春来，春夏秋冬，天地之间，周而复始，循环往复，日升月落，花开花谢，万物生生死死，没有谁可以超越这样的万劫不复。

从寒冷的南极点出发一路向北，气温会逐渐升高，过了赤道气温又会逐渐降低，最后会来到像南极点一样寒冷的北极点。

这样的景象我们通常会视若当然，但这种理所当然中却暗合了宇宙的大法则和人间的大道理。我们相信有这样的终极真理，只是限于阅历和智力我们可能永远都不知道，如此而已！

但至少我们相信冬天总会过去，黎明也一定会来临。

地轴与地球轨道面之间有一个66. 5°的倾角，对地球来说，这是一个美妙的姿势。如果不是这样，太阳将永远直射赤道，赤道将会越来越热，两极将会越来越冷，地球上既不会有风霜雨雪，也不会有春夏秋冬——事实上我们将无法在地球上生存。

对我们来说，66. 5°就是最大的道理。

在我们所处的时代，人类比任何时候都显得更聪明，也发展得更快，我们创造了惊人的财富，我们的知识和技能都在以几何级的速度递增；但从宇宙的角度看地球，会觉得地球完全可以变得更美好，比如这颗美丽星球表面的水可以更蓝，地面上可以有更多神奇的植物，生活在上面的人类可以更幸福。事实并非如此，人类一直保持着从原始社会就有的侵略本性，对他们赖以生存的大自然和他们的同类都是这样，他们常常会用最残忍的破坏力来延缓自己的发展——从本质上讲人类之间是无法和平共处的。

今天我们遇到的所有问题，先发展的民族都曾经遇到过，而在此之前我们也清楚这一点，我们以为自己可以避免他们曾经犯过的错误，但今天我们还是像那些先发展的民族一样被困在了这些问题中，而且可以想见，更后发展的民族依然会重复我们的老路，这就是人类共同的劫数。

就像我们正深陷其中的肮脏的空气和水，我们正在义无反顾地大肆破坏我们赖以生存的最基本的空间，人类所有的发明创造最终都是在加速其自身的灭亡。

我们一直都在自掘坟墓。

亚里士多德说宇宙是永恒的，事实上不是。我们知道宇宙已经存在了140亿年，但是它终将消失，因为只有这样才合理。

圆是宇宙中的基本形状，我们能够看见的大自然中所有物体都是圆形或圆形的一部分。周而复始也是大千世界存在的基本方式。

反者道之动——大道运行的基本方式就是走向其反面，回到其原点，并以这种方式循环往复、周行不殆。我们相信一部《老子》真正想告诉我们的就是这样一个终极事实。

唯其如此，清静无为乃老子之道也：清静自正，无为自化。

跟孔子的苦口婆心与喋喋不休比起来，老子在旁若无人地自说自话。天地五千年孕育了一位有大智慧的人，他体验到了某种终极真实，进入了一种无比愉悦却又无比自然的状态，然后在某种情况下留下了五千言，他就是人间的“龙”。

在这样的“龙”面前，庸常如我们，能够拥有的哲学心境就注定只能是迷茫、悲凉和绝望吗？

道可道也，非恒道也。名可名也，非恒名也。无名，万物之始也；有名，万物之母也。故恒无欲也，以观其妙；恒有欲也，以观其所徼。两者同出，异名同谓。玄之又玄，众妙之门。

——《老子》第一章

老子写给“道”的情书

老子之道真的不能说吗？

在中国禅宗史上，六祖慧能是一个举足轻重的人物。中国禅宗从达摩一苇渡江、少室山开悟发轫，传至弘忍大和尚为五祖，如何将自己的衣钵传给最合适的人，对弘忍来说是一个十分严肃的问题。五祖门下的神秀作为首席教师佛学功底深厚，而且德高望重，由他来继任六祖似乎是顺理成章的事情，我们不知道是什么原因让弘忍觉得这一选择也许是错误的。于是五祖召集门人，决定以公开竞争的方式为中国禅宗确定最佳传人。竞争程序也很简单，每人做一篇偈，择优定夺，这是《六祖坛经》的记载。

《六祖坛经》应该是慧能的弟子神会的“作品”，其中如果有偏向慧能的记载当属正常。当所有人都认为神秀就是当然的继承人时，神秀自己并不这样认为，他甚至不敢公布自己的偈，他让人将自己的偈偷偷写在墙上，偈曰：身是菩提树，心如明镜台，时时勤拂拭，莫使惹尘埃。

此时的慧能还是一位舂米的小和尚，他对神秀的偈进行了“大胆”改写，然后也请人写在了墙上——他请人写在墙上是因为他自己根本就不识字。慧能的版本是：菩提本无树，明镜亦非台，本来无一物，何处惹尘埃。

对神秀来说，持戒，打坐，然后证得无上菩提是一条光明大道；对慧能来说用心若镜还是着相，唯有将此“镜”一并空掉，方可立地成佛。顿悟禅之明心见性、直指人心的特质在这里已经可以找到端倪。

于是中国禅宗史上最惊险的桥段上演了。弘忍看到慧能的偈后当众叱为一派胡言，但当晚来到锥房找到慧能亲传《金刚经》，密授衣钵，并让他连夜逃命。灯灯相传，佛法绵延，但中国禅宗史上的六祖衣钵终成绝唱，此后永远都不会再有七祖、八祖……

若干年后，慧能历尽险阻来到广东，开祖庭、传佛法，成为中国禅宗的一代宗师。

神秀的“道”似乎是可以说的，但慧能的“道”要玄妙得多，一切皆空——连空也不能说，说出来便是“第二义”，这种气质是从灵山法会上佛祖拈花、迦叶微笑就确定了的。

同为“六祖”的仓央嘉措的“开悟”史却带给我们更深刻的启示。

六世达赖喇嘛仓央嘉措注定将成为西藏历史上最传奇的人物，也是藏传佛教史上最传奇的活佛。经过一系列神秘而复杂的仪轨后，仓央嘉措被选定为第六世达赖喇嘛。从此他的全部生活就被限定在了森严的布达拉宫里，这一年他只有 14 岁。

20 岁那年，按照计划他将在日喀则扎什伦布寺为僧众讲经并受比丘戒。但在这个全藏区最盛大的仪式上，仓央嘉措拒绝受戒，并当众宣布了一个惊世骇俗的决定：他决定还俗！

在藏传佛教传统中，观音菩萨享有至高无上的地位。人们相信观世音菩萨来到藏地化身为“活佛”为他们带来永恒的幸福，并永远引导他们的灵魂，一世，二世，乃至万万世。没有人会怀疑那个名叫仓央嘉措的俊美青年不是转世的菩萨，可现在他说自己就是一个普通的年轻人，他只想过普通人的生活。如果他是一个普通人，那五世活佛呢？四世、三世呢？难道说观音菩萨一直都没有跟他们在一起吗？整个藏区的活佛信仰体系将因此而崩溃。

对仓央嘉措来说，他只要肯待在布达拉宫，整个世界都是他的。但他决定放下一切，到蓝天白云下，在无际的大草原上享受世俗的爱情。有高僧这样评价他：“六世达赖以世间法让俗人看到了出世法中广大的精神世界，他的诗歌和歌曲净化了一代又一代人的心灵。他用最真诚的慈悲让俗人感受到了佛法并不是高不可及的，他的特立独行让我们领悟到了真正的教义！”

三年后，23 岁的仓央嘉措圆寂于青海湖畔，我们都相信他此时正置身于真正的极乐世界。

在相当长一段时间内中国禅宗的六祖都是指北方的神秀。慧能成为六祖肯定有世俗的因素，但他本人的魅力及顿悟式佛法的诱惑性最终获得了普遍的认可，今天讲中国禅宗通常是从慧能讲起的。同样，在某个更严谨的系统中，仓央嘉措六世活佛的地位也是不被承认的，但在所有人们的心目中，那个在大草原上深情歌唱的俊美青年才是真正的佛。

当年释迦牟尼以王子之尊逃离王宫的时候同样不合乎世俗的逻辑。若干年后，仓央嘉措以“还俗”的独特方式向世人证明他已经领悟佛法的真谛。

“第一最好不相见，如此便可不相恋。第二最好不相知，如此便可不相思。”仓央嘉措始终没有向世人透露他究竟悟到了什么，也许他就是那个洞悉了世界全部秘密的孩子。不负如来不负卿——所以他什么都不能说，有青藏高原上永被传唱的情歌为证，仓央嘉措是在用那些空寂的情诗以及他浪子般的情怀向我们暗示着什么。

慧能、仓央嘉措所悟之道的不可言说与老子之道的不可言说是一回事吗？佛陀说法四十九年，他说他没有说过一个字。《金刚经》三十二品，乃至五千部佛经，没有一句话告诉你什么是佛法，怎样可以成佛。曾有人向大禅师请教梵是什么，大禅师半天默然无语，被一再追问，大师说：我刚才已经说过了。

一般认为，关于“道”，老子这句话一定是最准确的——老子说，凡是能说出来的都不是永恒的“道”。这个道就是宇宙的边界，比永远更远，比无穷大还大，将来宇宙消失了，道依然存在。

让人怀疑的是老子还是坚持向他的读者描述了“道”的种种属性：看不见，听不到，摸不着。这可能是老子必须面对的一个悖论：如果“道”真是不能说的，那接下来的五千言是什么？

没有证据表明“道”是老子的首创，在他之前之后都有人使用这个概念，尽管大家想表达的意思并不一致。老子肯定觉得自己是独特的，至少他这里赋予“道”的含义是他首创的。既然如此，他为何不换一个字呢？我们相信老子是经过深思熟虑的。

道是不能说的，世界上一定有些东西是可以说的吧——老子说话的方式很容易让我们在这个问题上较真儿。如果较真儿的话，世界上所有的东西都不可说。我们只要说话就离不开概念，而所有的概念都是我们假定的。“鸡蛋是圆的”，那个东西为什么叫鸡蛋？那种形状为什么不能叫方的？

为了避免这样的混乱，我们用更多的概念去补救。就像一幅1∶1000000的地图肯定不够详尽，把它放大到1∶10000就“清楚”多了。可是一张地图再具体，也没有办法完全准确地再现地面上的所有山川人物，除非是一张1∶1的地图，可是谁需要一张1∶1的地图呢？

从这个意义上讲，概念本身都是“假”的。佛法说：名相唯虚。否则我们说到“火”的时候我们的嘴就会被烧伤，说到食物的时候就应觉得饱胀。

另外，概念本身也会产生歧义。我们指着照片上的一匹马告诉孩子——这是马。可是“它”比真实的马小得多，而且“它”不会跑，也没有任何气味，怎么就能说这是一匹马呢？

当我们有了“鸟”的概念之后，我们就再也看不见鸟了。

老子在这里是在跟我们论述概念的内涵和外延吗？

老子应该没有兴趣在概念上面绕圈子，如果说老子是一位神秘主义者会更容易让人接受。他相信世界上存在着人们无法理解的秘密，已经洞悉那些秘密的他无法跟我们交流，就像无法跟“夏虫”谈论有关冰的事情一样。退一步讲，就算我们有人因为机缘巧合证得大道，开悟的我们也仍然无法将我们已经“明白”的东西说出来，是另外一些东西阻碍了我们。这就像曹操不可能说出“说曹操，曹操就到”这样的“神话”。

神秘主义者在很多情况下给人的印象是他们在怀疑一切。西方科技发达，但大家普遍相信上帝，上帝观与自然观完美地统一在一起。进化论与基督教矛盾吗？科学的发展是为了否认圣经上的种种奇迹吗？神秘主义的原始含义是闭上眼睛，同时打开心灵之门，它指示我们排除一切干扰，努力逼近真相。

老子似乎是在为我们的世界重设系统，道大约就是源代码了，可这本来是上帝的工作。

道不能说，一切本质的东西都无法说出来。如此看来，作为媒介的语言本身就是神秘主义者身上的那层迷雾，语言是我们世俗世界的约定，在超验的世界里它完全无能为力。

《淮南子》中桓公与车轮匠人关于最高妙道理到底能不能说出来的讨论影响深远。车轮匠人认为圣人之书只是糟粕，因为他作为一个最成功的匠人却无法将最关键的心得传授给自己的儿子。

这样的逻辑其实是有问题的。工匠制造车轮的难度在于对构件精准度的把握，这当然可以通过熟能生巧式的经验积累得到最大程度的提升，某种情况下它可以接近完美；但借助于现代科技，它与完美之间的距离只是程序设定时保留小数点后面几位数的问题。车轮算什么？北京奥运会用数万吨钢材编织了一只精巧的“鸟巢”，施工中借助电脑技术先将它分解成成千上万个部件，在工厂加工后进行现场组装，可以说分毫不差，这里的“道”说白了就是 0 和 1 两个数字。

心理学实验证明，我们感觉整晚在做的梦实际只有几秒钟。那些梦的容量好像很大，纷乱的出场人物、超长的时间跨度、离奇而神秘的情节。“做”起来几秒钟的事情，“讲”起来却有“一匹布那么长”，这就是梦带给我们最深刻的启示之一：语言即世界之边界。

仓颉造字，天雨粟，鬼夜哭。没有人相信是一个叫仓颉的人帮我们创造了这种方框字，但天雨粟与鬼夜哭这两种完全不同的异象却让人相信世界从此不一样了。

文字真有那么重要吗？三千年前我们的祖先还没有文字，他们之间的交流有障碍吗？可能三万年前他们连语言都没有，那又怎么样？数百万只蝙蝠可以同时从洞中飞出来，你以为它们是靠语言沟通的吗？大自然无数的奇观暗示我们，阻碍我们交流的可能正是语言文字这样的介质。至少我们发现在大部分的昆虫世界，他们彼此沟通的方式更加高效、充分。

“小王子”说，真正重要的东西眼睛是看不见的。那么文字就更靠不住了吧！

同样的德语，第三帝国时期的语言听上去就杀气腾腾的，纳粹的德语好像夹带了小剂量的砷，国家治理的特殊方式竟然导致了语言的堕落。

唐僧师徒历经八十一难来到了西天，却得了一堆白纸，佛祖是这样解释的：白本者，乃无字真经，原本是最好的。因你那东土众生，执迷不悟，只能看一些有字的经卷。

庄子则用无比高妙的言语及严密的逻辑无可辩驳地论证了言语及论辩本身的无意义。包括《老子》在内所有经典的意义都不在于经典的文字本身，从这个意义上讲，经典可以读，但是也完全可以不读。佛陀说：“吾四十九年住世，未曾说一字。”

佛法是讲空的，但说了便是有，就不空了。《老子》是讲道理的，要么讲不清，要么被人曲解，没有不能说的道理。

老子之道其实是可以说的。

《老子》第一章对所有人来说都是一个难以抵近的高度吗？有人对第一章采取回避态度，讲《老子》直接从第二章讲起。即便是一块普通顽石，你只要跪下来磕头，多半也能让人对其肃然起敬。显然《老子》就是一块值得我们所有人跪下来的“石头”。

道是宇宙万物之本源，就像我们今天都知道的常识：宇宙是无边无际、无始无终的。这理解起来虽然有点难，但也没有更多意义，甚至也不是老子主要关注的部分。

道还是最大的道理，这才是老子真正想告诉他的读者的。这样的“道理”也不能说吗？当然不是，《老子》大部分时间都在说这个道理。从这一角度讲，“德经”才是重点，把“德经”放在前边也许更合适。有关“道”的论述可以使全书显得宏大，更像哲学，或者说理论加实践才显出《老子》的完整性。这就是老子与王弼的不同吧。

天是什么？我们是谁？天与人的关系应该如何描述？日月为什么有升有落，璀璨的星空里究竟包含着怎样的秘密？闪烁的星星到底来自哪里？我们寄身的这个世界为什么会是这个样子？同为楚人的屈原有过著名的《天问》，那里边更多的是明知故问，诗人只是借天说事，慨叹命运对自己的不公平。

老子显然走得更远，他开始关心“天”本身，这是所有哲学思考必须首先面对的问题。这便是老子之“道”的第一层含义。

大约35亿年前地球上有了原始生物，大约46亿年前地球诞生了，大约140亿年前有了宇宙。再之前呢？我们都不知道，不知道并不代表没有，老子说他知道，那是道的世界。

道是宇宙万物的本源，这的确不是人类的语言可以描述的，但这本身也没有更多的意义。而且，更重要的是老子也不在意这一点。今本《老子》以“道可道”开篇，让我们很容易认为“道”才是最重要的，但这似乎只是王弼编辑出来的结果，几乎所有的证据都表明之前的《老子》是“德经”在前的。

《老子》中“道”大部分指的都是“哲学方法”，或者叫“德”。司马谈《论六家要旨》说道家的理论基础是“虚无”，行为方式是“因循”——世界是虚无的，所以不能积极。老子说自己的“道”就像宇宙本体一样虚无，但玄妙无比。

这样的“道理”应该是可以说的。

《老子》第一章全部内容可能只有以下两句：道可道也，非恒道也。玄之又玄，众妙之门。

“无名，万物之始也；有名，万物之母也。故恒无欲也，以观其妙；恒有欲也，以观其所徼。两者同出，异名同谓。”此段可能属于增窜，它只是在解释第一句——将“解释”增窜成“正文”的例子在古籍中并不鲜见。为什么道不可说？因为说出来就已经不是了，道是这样，所有的概念都是这样；但不说并不代表它不存在，“万物之始”“万物之母”是同样的东西，所有的“名”都是人为的，这个“名”永远只能代表事物的一部分，对“道”的命名当然也是这样的。没有道的概念我们一样可以体味其奥妙，我们赋予它一个概念是为了更好地了解它，这本身并没有什么不同。

帛本中“两者同出，异名同谓。”在今本中变成了“此两者，同出而异名，同谓之玄”。“同谓之玄”后边紧接着“玄之又玄，众妙之门”很顺畅，但帛本似乎更符合原意。

道不可说，所有的东西都不能说，但是我们又不得不说，就算我说了，你也不必太较真儿。

老子决定写一封“情书”时遇见了跟我们一样的问题，他发现“无法用语言”表达自己内心深处的感受。这本来应该是一封一开头便结束的“情书”，但老子坚持把它写下去了，尽管这并不合乎他本人的哲学。

道是女神，跟道有关的所有文字都是她的写真，写真从本质上看都是假的，我们的理想是拥有女神而不是女神的写真。

关于《老子》的版本及结构。

原教旨主义者总是执着地搜寻更古老的版本，研究者对《老子》不同版本的过多关注已经干扰了普通读者对《老子》本身的兴趣。两千年来影响中国人的就是“今本”，但总有人试图带领我们去辨识老子当初到底写了什么。厨师给我们上了一道炒鸡蛋，旁边的人总在喋喋不休地给我们讲述一只鸡的故事。

《老子》成书于什么时间？在这个问题上长篇大论者大多在周围绕圈子。郭店楚简本《老子》早至公元前约 300 年就已经出现了，属战国中期，它距离《老子》原书成书有多长时间却没有答案。

勘定简本出现于公元前 300 年左右只是源于以下一个史实：公元前 278 年，白起拔郢都，楚王迁陈。一般认为郢都附近至此不应该再有楚文化特征的墓葬，因此典型楚特征的简本《老子》只能是之前的。但田野考古证明，公元前 278 年之后郢都附近楚文化特征的墓葬并不少见。

马王堆帛书《老子》比简本再晚百余年，但比较完整；简本只有今本的1/3。今本主要是河上公本和王弼本。

简本、帛本或者其他版本都应该还有“母本”，那些“母本”共同的“母本”就是那个叫老子的人在函谷关前被迫写下来的那本吗？

另外，王弼对《老子》的修改与郭象对《庄子》的大胆删减做的是同样的事情吗？郭象看到的《庄子》比今本至少多1/3，他认定那些多出的部分貌似深刻实则鄙俗，当是后人的增窜，于是进行了大胆删减。但郭象“删减”过的《庄子》显然很合庄子本意，因而得以流布，甚至没有人再刻意去搜寻“原本”《庄子》。从这个角度讲，《老子》不是不能改，只是此前的改动不够精妙，无法让大家满意而已。

对古籍的增删，历代编注家都在干，根本就是一锅乱炖。早已经是烂熟的菜肴了，想再找回当初最早下锅的原材料应该没有可能，也没有必要——白菜也好，豆腐也好，都是厨师的事情，我们仅仅负责舌尖上的狂欢。

一部经典究竟是如何出炉的？一个可能叫“老子”的人在某种情况下写了一些文字或者说了一些话，那些话被一些人记录了下来，并进行传抄。有人将这些“传抄”辑录在一起就是最早的《老子》了，《老子》后来不知又过了多少次手才成了我们看到的样子。可以想象的是，连唐玄宗、梁武帝、明太祖都纷纷出手为《老子》作注，凭他们的金口玉言，要想改变点什么还是有很大可能的。

另外，《老子》是如此精妙，如果有一位旷世奇才创作了它，我们似乎更容易接受。现在有人告诉你说这是一次集体创作，时间跨度超过了两千年，写作组成员包括老子、王弼、河上公……这叫我们情何以堪？

大度点说，今本《老子》就是最好的，即便它不是最符合老子原意的，也是最符合大道本身的；我们相信简本的《老子》根本就不可能流传到今天。

我们这里选用的版本是以帛书甲本为底本，参照乙本补字，道经、德经顺序按今本来排。这种版本现在最主流，一人一个版本本身就不符合老子之道。

如果你不打算以《老子》的版本为研究专题，所有版本的差别根本就没有专家们说的那么大，而且这个世界从来就不存在一个“标准”的版本。类似的问题还包括：《老子》真的像我们大部分人想象的那么玄妙吗？跪在老子面前磕头可以感动自己也可以让别人以为自己完全懂了，真懂的人可能正站在远处摇头呢！

“老子乃著书上下篇，言道德之意五千余言。”司马迁看到的《老子》肯定是不分章的，但是分上下篇。今天通行 81 章的分法始于王弼，九是最大的单数，九九八十一是天下至大，这也是老子五千言在人们心中的位置。81 是整数，将一篇完整的文章拆分成一个固定的整数虽然读起来方便些，但毕竟是一件费力不讨好的事情，我们今天阅读《老子》的困难之一就来自这种生拉硬扯。清代魏源曾经根据自己的理解将《老子》分拆为 68 章。历史上还有 72 章本的《老子》，读《老子》不能执着于《老子》的章目。

《老子》第一章开篇为“道可道也，非恒道也”，所以上篇命名为道经，述宇宙之奥妙；下篇德经从第三十八章开始，“上德不德，是以有德”，是为德经，论经纬天下之策。道是德的“体”，德是道的“用”。但事实上上篇不全是讲道，下篇也不全是讲德。

南怀瑾讲《老子》只讲道经部分，他说道经是心法口诀，德经却是套路和杀招；可以布道，但不能教人杀人。

我们先传口诀，再教杀招。

天下皆知美之为美，恶已；皆知善，斯不善已。有无之相生也，难易之相成也，长短之相形也，高下之相盈也，音声之相和也，先后之相随也，恒也。是以圣人居无为之事，行不言之教。万物作而弗始也，为而弗恃也，成功而弗居也。夫唯弗居，是以弗去。

——《老子》第二章

鸟就是在天空中飞翔的佛

应该如何看待我们所处的这个世界？小时候看电影我们会将里面的人物自动划分为“好人”和“坏人”。智力开化之初的人们也倾向于非黑即白式的二元对立思维方式，但是黑和白之间显然还有灰色。

世界究竟是怎样的主要取决于我们如何看待它。你可以说世界是黑暗的，也可以说这是一个光明暂时缺席的世界。

佛是如何看待自己的？或者说佛成为佛以后会做什么？《金刚经》说佛每天化缘、吃饭、洗脚、敷座而坐。而在我们的想象中，那些亿万富翁们大概会天天躲在家里数钱。佛甚至也会吃鸽子，但佛心里没有鸽子，所以吃完以后还能吐出一只完整的鸽子。

佛也可以叫“非佛”，或别的什么——佛只是我们方便表达暂时的命名。人出家以后就不再有自己的名字，悟能、净空只是一个阿拉伯数字一样的编号，本身并没有实际意义；但是一句“南无阿弥陀佛”念得诚心也可以往生西方极乐世界。

佛是如何看待这个世界的？佛说：凡所有相，皆是虚妄。见诸相非相，即见如来。

我们看见的所有事物及其特征都仅仅是它的“相”，暂时性、虚假性是它的基本属性，这才是我们面对整个世界的起点与终点。

庄子总是试图让我们理解“一死生”“齐彭殇”的境界。在庄子的世界里，秋毫之末可以是最大的，泰山也可以是最小的，夭折的孩子可以比彭祖更长寿……在成佛之前，我们大概永远都无法理解这一点。

问题是如果我们真的将是非异同之间的界限都勘破了，这句话是否也应该一同勘破呢？

有时候会说了并不代表我们真懂了。如果没有风月宝鉴，硬生生地将一位美女看成一具红粉骷髅、一堆白皮骨肉究竟是态度问题还是能力问题？

朱光潜说美是常态，丑是变态，但是常态还是变态会因观照的对象或者时间的不同而发生翻天覆地的变化。比如老鼠，在我们的眼里所有的老鼠都一样丑陋，但几乎可以肯定在老鼠眼里我们也一样。

对我们来说，美究竟是事物固有的一种属性，还是观察者的主观感受？鲜花是美的，大便是丑的，尽管把鲜花插在大便上是一种适当的组合，但我们还是很难把大便等同于鲜花；换个角度来看，鲜花和大便尽管都是我们命名的，但我们喜欢“鲜花”，厌恶“大便”的情感却是不容置疑的。

道家坚持美和丑没有区别，佛家说美和丑都只是名相，实际上并不存在，而且我们看见的所有东西其实都不存在。一所学校存在了一百年，教师换了几茬，学生的学生都毕业了，校舍也早已翻新过了，就算校名没变，能说这就是原来那所学校吗？李白说：弃我去者，昨日之日不可留；乱我心者，今日之日多烦忧。佛说：过去心不可得，现在心不可得，未来心不可得。

星星不再是那颗星星，月亮也不再是那个月亮。一切皆是因缘，缘起缘落，空才是本相。但这样说，好像也是一种“执着”吧？

泯灭美丑善恶的确是一个不可思议的境界。一个组织中有人勤快，有人懒惰，如果我们放弃评判标准，这个组织中的大部分人会变得更勤快还是更懒惰呢？

但这只是我们的标准，在老子看来根本都是一样的。

美女与恐龙是一样的——假如我们都能达到这样的境界，恐龙肯定没有意见，但美女们的损失究竟有多大？问题的关键还在于美女的评判标准本身也是个问题。同一个人在不同人的眼里可以有差异巨大的评判，要不为什么说情人眼里出西施呢？马云不是情人，马云算不算帅哥？马云成为中国首富之后说他甚至连他们家小区的首富都不想当！于是网友就说，我要是马云，我宁愿自己更帅点！我打赌马云希望自己更有钱，因为对于一个身家两百多亿美元的男人来说，不帅就是帅。说实话，自打我知道那个瘦小的男人就是阿里巴巴的老板以后，我觉得男人就应该长成那样。司马南在一个公开场合嘲笑马云长得像外星人，现在把他们两个的照片放一起，你一定觉得司马南更丑——但这真的有区别吗？可能在老子看来有钱没钱也没有区别。

佛就是这样看待三千大千世界的。无所从来，亦无所去，故名如来。有来必然有去，实在当真不得啊！马云那两百多亿美元也只是一个“相”，尽管它真的可以让我们永远泯灭美与丑的区别。

不标榜善恶美丑，人心就会归于淳朴。如果不太执着于某个标准，我们就会更平静，这才是《老子》的意思。

看开一点——我们常常这样规劝别人，另外一些时候又被别人这样规劝，这说明我们至少有一半时间是看不开的。但是你现在试着回想一下小学阶段某一次没有得到老师小红花时的绝望感——你早忘了吧！

看开一点啦！

有无、难易、长短、高下、音声、先后，以及美与恶、善与不善……有人统计《老子》中这样的相对词有47组。在截然相反的对比中，我们明白它们其实恰恰是一致的——在佛看来，连这种一致也不存在，甚至连“不存在”也不存在。

“棒喝”是禅宗独特的教学方式。师傅问了一个问题，你回答“是”，被师傅打了一棒；下次同样的问题，你回答“不是”，又被师傅打了一棒；再下一次，你不出声还是吃了师傅一棒。不出声——你不知道该如何回答，但你依然在执着中，跟“空”没有关联。

大徒弟说：持戒，坐禅，一日一日，总有一天我们可以开悟成佛。禅师说：你说的对。二徒弟说：持戒和坐禅都不是重点，只要一心向佛，我们就已经是佛了。禅师说：你说的也对。三徒弟站起来说：大师兄说要坐禅，二师兄说不用坐禅，他们不可能都对！禅师说：你说的也对。

禅宗就是通过这种方式将你逼到悬崖处，逼你明心见性。

通过特殊手段我们可以观察到太阳表面有“黑色”物体——刻薄的网友说那是朝鲜成功登陆的航天器——天文学家把它叫作太阳黑子。太阳黑子是黑色的吗？它的温度有4500℃，尽管比不上太阳表面的6000°，但它显然一点也不“黑”。

六合之外，存而不论，六合之内，论而不议。庄子说，以道观之，物无贵贱。着意分辨者，只能说还没有通达。

语言如迷雾，概念就是我们的魔障，我们终将无法逃离。语言的极限就是世界的极限，无论我们如何努力，我们都无法翻越“语言”这座大山。

不如让所有的语言都消失吧！静默也许会成为世界最终存在的唯一方式。

本章承接第一章之“名可名也，非恒名也”。我们对事物命名，不代表事物因此而发生改变。有无、难易、长短、高下、音声、先后，以及美与恶、善与不善从本质上讲并无不同，至少不像它们表面上所显现的区别那样。

如果是这样，我们何必执着于其中一端呢？不爱就不必担心失去爱，就像一个穷光蛋不用担心财产安全一样。

牙疼让我们感觉到了痛苦，牙不疼的时候我们会觉得幸福吗？关于牙——鸟才是真正幸福的。如果牙的问题就是全部，鸟就是在天空中飞翔的佛。

不尚贤，使民不争。不贵难得之货，使民不为盗。不见可欲，使民心不乱。是以圣人之治，虚其心，实其腹；弱其志，强其骨。常使民无知无欲也，使夫智者不敢也、弗为而已，则无不治矣。

——《老子》第三章

卑微而平静地活着

社会纷乱的原因是什么？老子说是因为圣人们好恶太深。

一个组织内部，是好人重要，还是能人重要？老子说不要去区分谁是能人，更不要去褒奖他们，这样大家就踏实了；大家踏实了，队伍就好带了。这样的队伍能不能打胜仗？——老子可是反对战争的喔！

我们对一个组织产生深度认同是因为那里有很多好人，而不是能人。能人就像树林里的薇甘菊，还是尽早拔除的好。

“难得之货”就是货里的“能人”，谁都想争，争不到就去偷，于是世界就乱了。

恶魔化身欲望潜藏在我们的身体内部，它使得我们远离平静。但货本身又是我们所需要的——佛也要吃饭穿衣，但追逐这些“货”，表面上让我们的躯壳得到了更多更大的满足，但它伤害了我们的“心”，这不值得。

老子觉得心最不重要，吃饱饭、有活干才重要。《韩非子·说疑》对禁奸之法的排序是：禁心、禁言、禁事。可以胡作非为，甚至也可以胡说八道，但是绝对不能胡思乱想。

“难得之货”仅仅是我们的命名吗？钻石、黄金的贵重主要是因为它的美观还是因为它的稀有，抑或仅仅是有人给它确定了一个昂贵的价格？

表面上看，钻石、黄金的“贵”是人为的。黄金的定价是在“黄金屋”——一间位于英国伦敦市中心的洛希尔公司总部的办公室里进行的。

伦敦五大金行的代表每天集中在“黄金屋”里，商量出一个买卖双方都能接受的价格。这种给黄金定价的方式有一百年了，但我们还是很难将黄金贵的原因归结到那几位代表身上。

假如黄金可以像普通岩石一样容易得到，黄金在我们心目中会像石头一样不值钱吗？在老子看来，人们偷盗的原因是我们将那个东西的价格标高了。庄子说“无撄人心”，不要去撩拨，民心就不会乱。假如一个反市场的政府将黄金定价等同于钢铁，老百姓就会视黄金如粪土了吗？

黄金比钢铁值钱是因为它的稀有，其中真正起作用的是那只“看不见的手”，市场存在及运作的依据是供求关系，供大于求，价格下降，反之，则价格上涨。

实其腹、强其骨——听起来像一个没有多少文化的爹娘对孩子的希冀，所有的父母都希望自己的孩子健康，相对健康而言，聪明能干一文不值。

从本质上讲，让每个人都有肉吃，所有人都没有幸福感，因为这个解决幸福感的路径是有问题的；世界是怎样的远没有我们如何看待它重要。因此，治理天下的目标在于衣之、食之，诀窍在于让他们头脑简单、无欲无求。

相对而言，组织中最坏的是“乡愿”。这些人嬉皮笑脸、口是心非。比他们好一点的痴愚者，主要优点是听话。再好一点的是贤人，他们脑力好、能力强，能力有多大，责任就有多大，但这些人多了也是祸害。组织中的主流应该是“好人”，他们就是普罗大众，他们不会太积极，能力也一般，有点小自私、小脾气，但他们才是社会的真正标杆。

跟昆虫相比，人是极难管理的物种。其中语言是祸首，人说的假话比真话多；人有荣誉感，而且每个人都觉得自己比别人能干。蚂蚁、蜜蜂没有思想，群体中当然就没有“能人”，但它们的效率比人高得多。

老子希望我们都能像昆虫一样卑微而平静地活着。

道盅，而用之或弗盈也。渊兮似万物之宗。挫其锐，解其纷；和其光，同其尘，湛兮似或存。吾不知其谁之子也，象帝之先。

——《老子》第四章

道是什么

关于“道”，老子真的想清楚了吗？老子一方面告诫我们道是不能说的，另一方面又在强调道的强大——无所不能、无所不是。

在类似的问题上，佛似乎要清醒得多。佛说：佛什么也不是，什么也没有。你真的明白了，你就真的得道了。

无数的高僧曾经怀着探宝般的心情面对着一棵芭蕉树。剥下一层芭蕉叶，再剥下一层芭蕉叶，他们专注的神情仿佛是在找寻自己的灵魂。他们剥下最后一层芭蕉叶，然后什么都没有了，觉得这是上天在跟自己开玩笑，然后他们就觉悟了——我们的身体就是一棵芭蕉树，剥去一层层的皮肉原来什么也没有啊！

这就是佛唯一想说的。

更富有生活气息的洋葱一层层剥下来，剥到最后同样可以让人顿悟成佛。如果有心，即便是一卷卫生纸扯到最后也可以启发我们体悟诸行无常、诸法无我、涅槃寂静之终极道理。

洋葱和卫生纸在我们的日常生活中占据着重要位置，它们引导着我们走向尘世，但它们原本也是可以让我们成佛的。

道的本性是空虚，因为空虚，所以就有了无限的可能性。

第二章、第三章说的是“名相”，承接的是第一章中的“名可名也，非恒名也”。老子提醒我们要做到无欲，不被名相迷惑我们的双眼，以便洞悉事物之奥秘。

第四章承接的是第一章中："道可道也，非恒道也。玄之又玄，众妙之门"。

道是不可说的，但它还是很容易在我们的脑海里形成一个"相"——道无所不能，无所不是，它从来就有，并将永远存在。在得道的老子面前，我们的系统版本太低，而且受硬件限制，无法升级，老子这里大概是在屈尊俯就我们。

真正和光同尘的是佛，至少在大乘佛教的世界里我们每个人都有佛性，我们甚至可以相信一切有生命的东西，乃至一块顽石都是有佛性的。借助于佛的引导，拂去尘世的染污，世间万物皆可成佛，这就是佛的大慈大悲。

天地不仁，以万物为刍狗；圣人不仁，以百姓为刍狗。天地之间，其犹橐籥与？虚而不屈，动而愈出。多闻数穷，不若守于中。

——《老子》第五章

我们都是彼此的“刍狗”

《韩非子·外储说右下》记载了这样一件事，秦昭王有一次生病，百姓主动为他祈福，秦昭王知道后处罚了那些参与祈福的百姓。

上下级之间的关系本来就很微妙，秦昭王的处置方式发人深省。如果君臣之间有感情渗入，君在执行法令时难免会为感情所绑架，这样，法令势必会受到动摇，最后受到伤害的一定是百姓。

理想主义者告诉我们要爱所有人，但那是上帝的事情。

儒家通常会把人与人之间的关系弄得十分复杂。五伦，就是五组人际关系，君臣、父子、夫妇、兄弟、朋友，所有的人际关系都可以归入这五组，人在这五组关系中却有十种身份、十种诉求，君仁臣忠、父慈子孝之类的。

儒家社会层级分明，坐几匹马的车、埋多大的墓坑都有严格规定，有人分多、有人分少，有人坐着、有人跪着，大家觉得理所当然。

道家一实践起来常常就成了法家，在理想的法家社会里，大家都是“刍狗”。

天地有大美，是因为它可以做到一视同仁。说到底这是一个视角的问题，如果站在羊的角度，狼就是坏的；如果站在狼的角度，吃羊是天经地义的。站在天地的角度，草就是给羊吃的，羊就是给狼吃的，狼的身体分解后也会成为草的养分。羊不伟大，狼也不邪恶，这里边跟道德没有关系。

圣人就是那些没有道德感的人。《尚书正义》引《帝王世纪》说：武王伐纣后大军进入朝歌，大贤商容跟老百姓站在路边看热闹。毕公气宇轩昂地走过来的时候，大家都说这位应该是武王了。商容说，此人神色太过严肃；太公走过来时大家又说该是武王了，商容说，此人勇猛而威严，不会是武王；周公走过来，商容说，此人心事重重，应该是周之相国；武王走来了，商容说，“圣人为海内讨恶，见恶不怒，见善不喜，颜色相副”，这人一定就是武王。

圣人境界更高，格局更大，不喜不怒，即所谓的“圣人忘情”。菩萨是不入涅槃的佛，留下来是为了普度众生；菩提萨埵，有情的觉者——真正多情的是菩萨啊！

每一个人都是彼此的“刍狗”，这应该是唯一的法则。我们想要爱所有人，结果所有人都没有感觉到被爱，最终所有人都会抱怨。

“刍狗”给我们的另一个启示是在合适的时候做合适的事情。刍狗曾经被无比尊贵地安放在祭台上，后来又被人们随意丢弃在地上，前后两次都没有错。《庄子·天运》中颜回跟师金曾经讨论过孔子为什么处处碰壁。在师金看来，先王的礼乐制度不是不好，只是时过境迁，当下应该是被丢弃的时候了。

这又是一个跟“时”有关的话题了。

风箱这种生活中最常见的工具带给老子的启示是宜虚、宜静，虚则可以收纳，静则可以应万变。

不仁是无情，守虚静是无欲。无情无欲乃老子之道。

谷神不死，是谓玄牝。玄牝之门，是谓天地之根。绵绵兮若存，用之不勤。

——《老子》第六章

我们从哪里来？

在佛看来，世界可以划分为两部分：六道轮回中的众生世界和涅槃世界。如果不出现意外，我们永远都会在六道中穿梭；此生为人，下辈子还有可能当牛做马，甚至示现为一只蚂蚁。所以佛门第一戒即是戒杀生。我们从哪里来？在佛看来也许根本就不是一个问题，在涅槃世界里，根本就不存在来与去的问题。

具体点讲，作为人道中的我们，大家都清楚自己的出处，但是天地万物的出处又是哪里呢？即便只提出这一个问题，也足以证明《老子》已经进入深层的哲学思考了。

玄牝、玄牝之门的真实含义始终让学者们难以启齿。关于性与生殖的话题，也许古人倒没有我们这么多忌讳。史前文明中的生殖崇拜可以让今天的我们目瞪口呆，我们今天能看见的只是影视剧中美国人的露骨与肆无忌惮。我们相信这跟历史文化有关。

老子这里是在追问宇宙的起源吗？两千年前的人类一旦进入这样的哲学思考总会面临许多无法解决的难题。人是人生的，牛是牛生的。那么，什么生了天地呢？它至少应该比天地大得多，老子将它命名为——道。

我们扔一块骨头，狗的第一反应是冲向骨头，人的反应是寻找骨头的来源——这也是没有办法的事情，在这个问题上我们天生就那么执着。

道就是源头，但这句话等于什么都没说。

海森堡是与爱因斯坦齐名的物理学家，他打算带去请教上帝的问题有两个：相对论、湍流。他相信对于第二个问题上帝也未必有答案。

湍流是大自然中广泛存在的现象，是大气运动的重要方式，太阳系中的湍流产生了行星，在水里大概就是漩涡。在水上讨生活的人都知道漩涡的神秘与威力，“渊兮似万物之宗”，渊，即回水，就是漩涡。这很容易让我们联想到太极图，阴阳相容且相斥，它变化莫测，也是世界之源。

老子的“玄牝”大概就是海森堡的湍流，世界乃至宇宙在激荡中孕育并诞生。

山谷的“谷”跟稻谷的“谷”原本是两个字，“谷神”之谷是前者。两山所夹之低处为谷，可聚水成溪，那里也是大部分江河的源头，同时也是生命之源。山谷的神奇之处还在于它的回声效果，不完全理解这种声波反射物理现象的古人对山谷应该会有更多的想象。

这种奇妙的现象至少曾经让儿时的我们怀疑大山的深处是否住着一位神仙。

天长地久。天地之所以能长且久者，以其不自生也，故能长生。是以圣人退其身而身先，外其身而身存。不以其无私舆，故能成其私？

——《老子》第七章

天地是淘宝，万物只是网店

永恒的天地带给我们的启示是如此深刻，它引领卑微的我们无限走近圣人，圣贤们则以各自的方式说出了他们对天地本质的思考。

按照庄子的逻辑，不知晦朔的朝菌，不知春秋的蟪蛄跟八千岁为春、八千岁为秋的大椿树比起来都不值一提，至少表面上看起来是这样的。

但是跟天地比起来，大椿树也不值一提。

佛陀最后告诉弟子们他四十九年思考的结果：世界是空的，天地也一样。

天地是淘宝和天猫，万物只是网店。网店可以跟牛毛一样多，淘宝和天猫只有一个。99% 开网店的人都觉得自己只是一个打工仔，马云才是货真价实的大老板。

淘宝和天猫商城中有多少商家？我知道汕头某个小村庄里的网店就超过了 3000 家。问题的关键在于，在这个虚拟的集市和商城中可以盛放全世界所有草根青年的创业梦想。在每一个艰难求生的店主心目中，天猫和淘宝大概就是不生不灭的天和地了。每天都有数不清的网店开业，也有数不清的网店关门，但淘宝和天猫永远都在，因为淘宝和天猫并不靠卖东西生存，网店就像是它的防火墙，所以它们可以天长地久。

圣人就是那些像淘宝、天猫一样的人，他们跟我们不在同一个物理空间。他们目光远大、不拘小节、以退为进，表面上没有任何私心，最终成就的却是他们的大私。这一点还真有点像马云，马云有很多让创业者感觉贴心的励志演讲，比如："在创业的道路上，我们没有退路，最大的失败就是放弃""小公司的战略就是两个词：活下来、挣钱"。在马云那里成为"老板"是如此简单，而且马云一直都在让你相信他每天想的就是如何让这千千万万个"老板"挣到钱，似乎你只要再"撑"几天就成功了。

于是马云成功了。

不得不承认的是，马云的确在一定程度上改变了中国。一千年以后再写中国史，至少应该有一篇《马云列传》或者《马云世家》——这才是真正的"大私"。在他缔造的虚拟王国里，每一个人都是谦卑而努力的，他们为了获得别人的点赞可以每天 24 小时将"亲"挂在嘴上。每个成功的男人身后都有一个优秀的女人，马云身后有成千上万个"败家"的女人，自称"剁手党"的她们要么目光如炬地滑动鼠标在网店下单，要么心怀浪漫地等待着快递公司的某位帅哥按响门铃。这是一种略带苦涩的等待，它跟你在百货公司付款取货的消费模式有本质的不同，正是这种等待让女人们欲罢不能。

《淮南子·道应训》还提供了一个弃"小私"而成就"大私"的案例。在鲁国为相的公休仪是一个特别爱鱼的人，有人送鱼他却不接受，别人不解，他说接受了别人的鱼可能连相都没得做，为了得到更多的鱼他选择做相。

这样的道理并不深奥，但在现实的"鱼"面前我们往往先自我迷失了，这只能证明我们的心智还不够成熟。

真正"天长地久"的是已入涅槃的佛，他们超脱了生死轮回，他们不生不灭、不垢不净、不增不减，他们置身于极乐世界，什么烦恼都没有。

> 上善似水，水善利万物而有静。居众人之所恶，故几于道矣。居善地，心善渊，予善人，言善信，政善治，事善能，动善时。夫唯不争，故无尤。
>
> ——《老子》第八章

水知道

在茫茫宇宙中，我们这个星球的独特之处在于它的表面覆盖着一层深蓝色的液体。水深深地启发了老子，它总是静静地流向低处，滋养了万物，但它却永远选择沉默，这大概也是道的属性吧！

传说老子的老师临死前给学生上的最后一课就是张开嘴巴，老子悟出的大道是柔软的舌头还在，但坚硬的牙齿不在了。

《老子》后文在阐述“弱之胜强，柔之胜刚”的道理时也用“水”来举例。这里主要是就“水往低处走”的特性来论述“不争”，即无忧的大道理。

永远置身于“众人之所恶”的水至少拥有七种美德，老子教导我们要像水那样善事善成、无往不利。

居善地：《中庸》说，君子素其位而行，不愿乎其外。如水之避高趋下，知道自己是谁，不给自己设定过高的目标，便是将自己置于善地。

心善渊：陶渊明说，心远地自偏。空虚静默，深不可测，为之善渊。

予善人：水利万物，本性使然，无偏私，无目的，此之谓善仁。

言善信：圆旋方折，塞则止，决必流，善信也。

政善治：可以洗涤污秽，可以滋养万物，善治也。

事善能：随物赋形，或方或圆，善能也。

动善时：冬凝为冰，春释为水，或行或止，动静皆宜。

此为七善。

在子贡看来，商纣王并没有大家想象的那样不堪，因为大家把他符号化、妖魔化了。先把他定义成“坏人”，然后把所有的坏事都往他身上堆。在积极上进的子贡看来，“君子恶居下流”，我们应该避免置身于“下流”之尴尬。干净的水流向低处，脏水和垃圾最后也汇集到了低处，这毕竟是一件不吉利的事情。

但在老子看来，已经在最低处了，今后的趋势一定是向好的，就像已经躺在地上的人是不怕摔倒的。先摆出一副不与人争的态势，就不会有人针对你、伤害你。

持而盈之，不若其已。揣而锐之，不可长保也。金玉盈室，莫之守也。贵富而骄，自遗咎也。功遂身退，天之道也。

——《老子》第九章

爱过了，恨过了，放下吧！

家里堆满了钱财的同时也就堆满了烦恼——这是最典型的穷人思维。有钱人的烦恼是如何把这些钱财留住，穷人的烦恼是如何拥有这些钱财，二者谁更烦恼还真不好说。

富人的隔壁住着一对穷人。富人的妻子对丈夫说，隔壁虽然穷，但有说有笑，而我们这么富，却闷闷不乐，你说为什么呢？富人说，不出三日，我就让他们的笑容消失。当晚，富人把一大块金子偷偷地扔到了穷人家的院子里。从此，隔壁就再也没有传出过笑声。

放眼望去，每一寸土地在过往的数千年里都曾经拥有过无数个主人，每一个人所属的那片立锥之地都曾经是属于别人的。如此，还有什么想不开的？

拥有钱财的人不一定有幸福感，但从来没有拥有过钱财的人是没有办法放下的——因为你准备放下的时候，会发现手上是空的。贾宝玉出家可以说是看破红尘，看破是因为在红尘中历练过了。繁华享尽，方明白繁华富贵不过一梦。此时俗缘已毕，所以不再有欢喜也不再有悲伤。

也常有公众人物突然出家了，出家的原因却很俗套——为情所困。不得其爱，万念俱灰，于是投身佛门。好在佛门广阔，佛心慈悲，即便是阿猫阿狗送上门来，佛祖也不会拒绝的。某一日又遇见了“女神”，急匆匆赴约去了，就像某位被皇帝召见的“隐士”，相信佛祖也不会挽留。

钱财可以留在家里，但在心里要把它放下；肉可以吃，酒也可以喝，只是吃完喝完就算了。就像佛歌里唱的：爱过了，恨过了，放下吧！

功遂身退的人未必都是放下了，有时候也是害怕了，历史上有许多这样“放下”的案例。乾卦六阳至刚，初九曰：潜龙勿用；九五曰：飞龙在天；上九曰：亢龙有悔。

亢龙，知进而不知退，知存而不知亡，只知有得不知有丧。这样的龙常常不知不觉就已经陷入灾祸中了。

然而真正懂得放下的也只有龙——懂得“勿用”的龙。

戴营魄抱一，能无离乎？抟气致柔，能婴儿乎？涤除玄鉴，能毋疵乎？爱民活国，能毋以智乎？天门启阖，能为雌乎？明白四达，能毋以知乎？生之畜之，生而弗有，长而弗宰也，是谓玄德。

——《老子》第十章

每一个婴儿都是一尊佛

日本棋坛顶尖高手坂田荣男曾坦言：我不认为吴清源的棋艺有多高。但坂田荣男总是败在吴清源的手下，后来他终于明白，他是败给了《老子》。

据说吴清源每次弈棋之前必读《老子》。无我、无为、居下、无欲、清静、自然既是他的棋风，也是他的人品。他心境澄明，他没有贪胜之心。每次输棋，吴清源回家做的事情是复盘；每次赢棋，吴清源回家做的事情还是复盘。这样的对手是不可战胜的。

“毋以智”“为雌”，即便不为弈棋，揣摩一番老子勇于装傻、示弱的心思还是很有意思的。“生而弗有，长而弗宰”。孩子是你生的，但你不能把自己当成他的主人；作为一个组织的最高领导者，你应该是最谦卑的一个。

孩童是一个全新的物种，英国诗人华兹华斯说，儿童是成人之父。马斯洛研究了数万名“自我实现的人”，包括成功的科学家、艺术家、政治家、企业家，他们无一例外都具有明显的孩子气。

这就是我们要“敬畏儿童”的依据。

婴儿不用做任何事情使自己变得完美，因为他本身即完美。他喜欢什么，不喜欢什么，都会明白直接地告诉他人，仿佛他就是宇宙的中心！事实上他的笑容可以照亮整个房间，他的哭声也可以打动整个世界。他无比喜欢自己，甚至对自己的大便都有兴趣。

但即便是他最喜欢的东西，你突然把它藏起来后，对他来说那个东西便从这个世界消失了，甚或认为那个东西从来就没有存在过。从这个角度看，婴儿是最接近佛的。

后稷是周之始祖，其母姜嫄，脚踩巨人足印而孕，生子后稷，姜嫄觉得不祥而弃之隘巷，但牛马自觉避让，飞鸟赶来守护。这些当然是周人的想象，但其中也透露出婴儿的某种异乎寻常的能力。孔子有关“龙生虎养鹰打扇”的传说则同样充满了神话色彩。

非凡之人才会得到神灵乃至百物的护佑吗？我们宁愿相信所有没有智识的婴儿都天然拥有这样的“福报”。将一个无知无欲的婴儿放在荒野上，野兽会袭击他吗？基于人道的原因，这样的“实验”当然不可能实施，但是婴儿不动心、不起念，野兽就不会感觉到任何威胁。就我们目前所知，动物对人类的攻击大都是因为它感受到了威胁。

野兽会不会攻击可能还有很多不确定因素，但婴儿的阴阳最调和、气息最柔顺、心灵最清净、智识为零、进攻性为零。《庄子·庚桑楚》说，婴儿“动不知所为，行不知所之，身如槁木，心若死灰”，这样的状态暗合的是圣人的境界。最弱的也是最强的，相较而言，如果我们成年人像婴儿那样整夜啼哭可能早已气绝归西了。

庄子说，酒醉则神全。酒醉者智识也接近零，因此醉酒人士常有惊人之举，这从另外的角度证明了没有智识的“好处”。

涤除玄鉴，让我们的心灵保持澄明状态。禅宗神秀说：时时勤拂拭，莫使惹尘埃。拂去尘垢，是为了让我们的心时刻准备接迎、观照。物来则应，物去则虚，接而不藏，观而不留。如雁渡寒潭、风穿疏竹，不留下任何痕迹，这不正是镜子的基本功能吗？

用心若镜是北宗神秀努力追求的境界，而婴儿天然就有。

在六祖慧能的境界里连这块镜子都没有。

卅辐同一毂，当其无，有车之用也。埏埴为器，当其无，有埴器之用也。凿户牖，当其无，有室之用也。故有之以为利，无之以为用。

——《老子》第十一章

窗的收获是清风

中国汽车工业不算发达，但中国人民很早就有一颗爱车的心。《左传》中就有“筚路蓝缕，以启山林”的记载，描述的是楚先民艰苦创业的情况。筚路，是用荆柴做的车。“行夏之时，乘殷之辂，服周之冕”是孔子的主张，商代的车简单而实用，周车繁复而奢华，而在善战的秦人心目中，更快更结实的战车就意味着更大的胜算，秦兵马俑坑中铜车马的巧夺天工充分见证了秦人在交通工具上花费的心思。

《淮南子》中有轮人和桓公关于圣人之书是不是糟粕的讨论，“轮人”是专门制造车轮的工匠。马克思认为人类至少经过了三次社会大分工，中国早在春秋战国时期就有了比较成熟的手工业生产体系，《论语》中就有“百工居肆以成其事”的讨论。古人关于车辆构件分类的详尽程度也从一个侧面证明了交通工具在古人生活中的地位。

毂，中空以容车轴，外侧连接辐条。老子选择“毂”是看中了它中空的特性，其前提是它是车辆的关键构件。

器皿的特性也是中空，对于居室而言，门窗也是空的部分。器皿没有中空部分无法使用，居室没有门窗也无法住人。

老子说“无”是另一种“有”，没有了“无”，“有”也就没有了意义。毂因为中空成就了车，器皿因为中空才成其为器皿，居室因为有门窗才叫居室。有与无就像阴与阳，一阴一阳之谓道，无用岂知不是大用？老子似乎也这样训导过孔子。

《庄子·外物》中惠施批评庄子之言并无实际用处，庄子说只有知道无用才能谈有用。他还举例说，人们所需要的不过是一块容足之地，但如果把其他地方都挖空了，你那块容足之地还有用吗？

简本《老子》中前半部的“无”写作“亡”，后半部写作“无”。“亡”大致相当于“零”，“无”则已经变成了抽象的哲学概念。但这里的“无”不是佛家讲的“空”，因为无是相对的，空是绝对的。

“有”与“无”都跟窗户本身无关，窗户的意义在于收获清风和明月。

老子这里为什么会选取车、器、室作为例子？

古礼说：“天子驾六，诸侯驾五，卿驾四，大夫三，士二，庶人一。”意思是天子可以用六匹马的车，诸如此类。这种规定本身就透着迂腐，事实上也没有多少人当真。

周礼规定，天子用九鼎八簋，诸侯用七鼎六簋，卿大夫用五鼎四簋，士用三鼎二簋。但曾侯乙墓中出土的就是九鼎八簋，一般认为这是周朝走向衰落、礼崩乐坏、秩序混乱的标志。

太和殿初建时采用的是九开间、五进深的规制，象征着九五之尊，但是我们今天看到的太和殿却是十一开间的，也就是说，连皇家都不遵守这样的旧制了。

车、器、室是那些“肉食者”生前奢华与死后排场的三个代表物。

凿户牖，即开凿门窗。我们今天看到的门窗都是预留的，这里的门窗却要“开凿”，透露出当时可能还十分流行“版筑”施工工艺。版筑在中国有悠久的历史，先用木板固定出墙的形状，填入泥土夯实，再拆去木板，跟今天制作混凝土构件时使用模板是一样的道理。版筑夯出来的墙体是整面的墙，所以门窗要另外开凿。

这种筑墙的独特方式今天依然遗存。

卅辐，即三十根辐条。相信这里的30是一个月的天数，但无论现实中的车子，还是考古发现，30根车辐都不是什么“定规”。另外，对于这30

根辐条来说，每一根都重要，每一根也都不重要，就像蜈蚣的脚。司马迁以车毂和辐条比喻君臣之关系，强调作为臣属应该忠信行道，以奉主上。《文子·上德》由此悟出的道理是30根辐条各有各的孔位，犹如人臣各守其职。

天下人都知道“有”的用处，老子却注意到“无”也是不可或缺的。莫言说：正是“无用”成就了文学的伟大。

五色，使人目盲；驰骋田猎，使人心发狂；难得之货，使人之行妨；五味，使人之口爽；五音，使人之耳聋。是以圣人之治也，为腹不为目，故去彼取此。

——《老子》第十二章

饥来则食，困来即眠

打机锋是禅师们之间独特的交流方式，玄机是唐代著名的比丘尼，作为一名女禅师，与人打起机锋来更多出一些趣味。

一日，某禅师问玄机："日织多少?"禅院生活闲适，比丘担水劈柴，比丘尼织布做饭，桑门里的日子也算井然有序。"每天织多少布啊?"如果玄机照实回答，那就不是禅门修行而是村夫村妇聊天了。玄机的回答是："寸丝不挂。"那意思是——身上整日着衣，心里未曾挂着一缕丝。答非所问，似乎又有些关联，标准的禅门语言，这便是打机锋。

临了，禅师突然对玄机说：你的袈裟拖到地上了。玄机一回头，禅师便说："好一个'寸丝不挂'啊!"

红尘中的男女打情骂俏，山门里的日子听起来也不算枯燥。玄机的修行功夫显然还没到家，虽然人在佛门，身披袈裟，好像该放下的都放下了，剩下的只是吃饭睡觉，但心里毕竟做不到寸丝不挂!

高僧大德的日常生活原本没有什么特别之处，吃饭时吃饭，睡觉时睡觉。但他们终日吃饭，不曾咬着一粒米；终日穿衣，不曾挂着一条丝。而我们吃饭时不肯吃饭，百般须索；睡觉时不肯睡觉，千般计较——听起来像个不听话的独生子女。

五色乱目、五声乱耳、五臭熏鼻、五味浊口、猎场冲杀让人心发狂。

庄子说："此五者，皆生之害也。"

佛家把人的身体看成一座城，眼耳鼻舌身是城的五座城门，意识是这座城的内城门。六欲即地狱，因为六欲进攻的路径通常是城门，所以明心才是天堂。六门洞开，即见净土。如果说人身是土地，佛性就是这块土地的王，佛性没有了，六神无主，身体自然难保太平。保全身体，城门自然是防护重点。佛门讲持戒，恶魔化身欲望潜藏在我们身体的每一个角落，身体的痛苦可以消解我们的大部分欲望。欲望少了，六门就清净了。

持戒是为了守护我们的六门，六门沦陷，我们便会进地狱了。陈晓旭19岁出演林黛玉，遂成为无数人心中的"林妹妹"，她自己也始终没有真正走出大观园。她一辈子只出演了一个角色，并将这个角色演绎得令人如痴如醉。从这个意义上讲，她是一位伟大的演员。

还有一些信息是被大家或有意或无意屏蔽掉的：她34岁时已皈依佛教，41岁正式剃度出家，几个月后病逝，同年她的丈夫出家。陈晓旭剃度时已身患重症，在外人看来，佛祖并没有救她。

但她放下了，清静了，佛祖拯救了她的灵魂。在她留给世间的最后影像中，她目光清澈如水，这让我们坚信此时此刻的"林妹妹"正置身于西方净土中。

玄奘10岁出家，13岁剃度，29岁远赴西天求取佛法，19年后回到大唐，又花了19年翻译佛经，67岁去世时他确信自己死后可以成佛。这就是他一生努力的最大值。

佛性清净，放大智慧光明，照耀六门，照破六欲诸天。中国的禅认为，佛性就藏在每个人的心中。心明了，便是天堂。佛言：随其心净，则佛土净。见西方只在刹那。

庄子的认识似乎更深刻：其嗜欲深者，其天机浅。淹没我们灵魂的就是欲望。衣食住行本身伤害不到我们，吃喝玩乐才是毒药。老子说"味无味"，将一碗白粥吃出酸甜苦辣来，再碰见真的"酸甜苦辣"时我们就变神仙了。因此，粤菜厨师给鱼的最高待遇永远是清蒸，这是对食客的一种尊重，对鱼来说也是。

为腹不为目的另外一层逻辑是口腹之欲是有上限的。我们一日三餐，皇帝可以一日五餐，但他不能一日十餐，皇帝的痛苦在于他也只有一个胃。据清宫资料载，慈禧每天早餐的菜点超过一百种，多半她只是看一眼就撤下去了——为目不为腹，而眼睛却永远是“吃”不饱的！据说她每天“消耗”的西瓜超过350个，因为每个西瓜只取中间豆粒般大小，但这种变态式的求取只能让她越来越不满足，因此她永远都在地狱中。

我们终于可以自我安慰了，因为我们追求的是永无止境的精神生活。我们没有帝王的血统，依然可以享受一日三餐，我们还可以有高贵的灵魂，甚至有机会成为孔孟那样的“素王”。

老子说，饥来则食，困来即眠，则天下太平。

宠辱若惊，贵大患若身。何谓宠辱若惊？宠之为下，得之若惊，失之若惊，是谓宠辱若惊。何谓贵大患若身？吾所以有大患者，为吾有身也；及吾无身，有何患？故贵为身于为天下，若可以托天下矣；爱以身为天下，如可以寄天下矣。

——《老子》第十三章

活着就是为了修行

我与“我的身体”之间的关系问题几乎就是我们的全部问题。

“我的身体”在睡觉，我却可以上天入地、悲欢离合；“我的身体”在这里，我却可以遨游宇宙。很多时候，我与“我的身体”并没有同声同气，只是我们意识不到罢了。

我们比较认同的是“苦其心志，劳其筋骨，饿其体肤，空乏其身”，因为似乎只有这样的人可以担当重大使命。但老子认为跟“我”比起来，“我的身体”更重要，只有懂得这一点的人才堪当大任。

在我们通常的价值系统中，为了事业而舍弃亲情是被广泛推崇并接受的，哪怕他所谓的“事业”只是“一颗螺丝钉”。《庄子·让王篇》中，韩魏两国为争夺一块土地闹得不可开交，在子华子看来问题却可以很简单。他对韩昭僖侯说，假如用你的一只手换这块土地，你肯吗？昭僖侯说不肯。华子说，如果用一只手换的是天下呢？昭僖侯犹豫了一下还是说不肯。用一只手换都不肯，用生命来换呢？

“帝王之功，圣人之余事也”，跟摄生、养生比起来，治国平天下都是小事。

《庄子·山木》中，鲁侯因为国事劳烦导致脸色很差，市南宜僚说，狐豹被人追杀是因为它们的皮毛，“今鲁国独非君之皮邪？”——对你来说，鲁国就是你的皮毛啊！狐豹也许做梦都想脱去那层皮毛，然后逍遥乎广漠之野、寝卧于大树之下吧！

岩穴清静，魏阙热闹，A 还是 B，于颠倒众生而言，真是一个艰难的抉择。

颜回箪食瓢饮，身居陋巷，在孔子心目中他是值得推崇的君子，因为儒家更在意的是如何让自己的德行止于至善。表面上看，道家务实得多，庄子主张“为善无近名，为恶无近刑”，好事还是可以做的，但是留下名声就不好了，坏事也可以做，但要把握好尺寸，不能招致祸事。老子认为还是自己的身体最重要，天下大乱，如何保全自己，是一个无比现实的问题。

跟保命比起来，其他都可以放在第二位。《庄子 · 在宥》说：君子治天下属于不得已，无为而治也不是刻意选择，在君子看来他自己比天下重要，让万物自然发展已经是最好的选择了——吾又何暇治天下哉！

跟“没工夫”境界不同的是周太王亶父，他放弃天下是为了保全生民，百姓认准了这样的人——正因为亶父不认为天下有那么重要，所以他最值得托付天下。

佛家直接站在了尽头，名利天下皆是虚相，身体也是。我们侍弄好这个躯壳，不是为了让它替我们做什么，只是不让它影响我们此生的修行。释尊八十岁那年，吃了一位铁匠施舍的野猪肉而罹患痢疾，并最终离开了人世——事实证明佛也无法避免死亡。根据记载，佛陀晚年也深受“老”苦折磨，直至无余涅槃；而在此之前，佛陀自菩提树下开悟以来的“示现”被称作有余涅槃，他的肉身尚存，这个肉身依然需要衣食住行。

佛门戒律森严，众生都在六道中轮回，你随手碾死的一只蚂蚁都有可能是我们某世的亲人，戒杀生还是可以理解的；但 250 戒、348 戒，乃至千戒万戒……刻意限制我们的躯体一定有着更高的追求吧？

身体上的苦痛可以消减我们大部分的欲望，这样我们似乎离佛又近了一些。

视之而弗见，名之曰微；听之而弗闻，名之曰希；播之而不得，名之曰夷。三者不可致诘，故混而为一。一者，其上不皦，其下不忽。寻寻兮不可名也，复归于无物。是谓无状之状，无物之象，是谓忽恍。随而不见其后，迎而不见其首。执今之道，以御今之有，以知古始，是谓道纪。

——《老子》第十四章

当你去找寻时，佛法是不存在的

老子在论述道的这些属性的时候，他心里隐隐约约有一个影像吗？看不见、听不到、摸不着，它不亮也不暗，绵绵不绝，这就是道。

“可以三十二相观如来不？”三十二相是佛经里惯常的说法，从头至足，三十二种妙处代表的是如来应化法身众德圆满之相。在《金刚经》中，世尊数次向须菩提提出这个问题，须菩提说，不可以三十二相观如来。

接着世尊再次问须菩提：可以三十二相观如来不？须菩提开始糊涂了，然后就真懂了。这个懂的过程可能更重要。

老子反复论述道的属性也是这个意思吧！

真的佛经永远只告诉你什么不是佛法，什么样的修行是错的。佛法也会讲案例——我就是这样开悟的，但同样的方法，你不一定能开悟。佛陀在菩提树下的青石板上枯坐了七天七夜之后觉悟成佛，那棵树还在，那样的石板也随处可见，它仅仅证明曾经有一个人在此成佛。佛经无数，但佛法只有一个。佛经是筏，佛法也是筏，目的都是为了渡我们过河，没有人过了河还背着筏。

但筏不是那么容易就能放下的，我相、人相、众生相、寿者相，每一相似乎都是我们生存的必需品。以色求佛，以音声求佛都是行邪道，无论是清凉世界还是佛光漫天，再往前一步就是走火入魔。

这样看来，佛与众生有什么区别呢？如何证明你已经证到了佛法？大善知识会告诉你说，这本来就是如人饮水、冷暖自知的事情。况且，为什么一定要证明呢？

当你去找寻时，佛法是不存在的。

如何发无上正等正觉之心？佛说，就是住，就是降服其心。须菩提问：我该如何住，如何降服其心呢？佛告诉须菩提说：你问得很好，我现在就告诉你，你听仔细了，就是这样住，这样降服其心。随后静默了片刻。须菩提说：你说吧！我听着呢！这时佛已经入定了。

得道即是一无所得。就像物质分析到最后，分子、原子、质子、电子，然后就是空的了。

道也是空的。

古之善为道者，微妙玄达，深不可识。夫唯不可识，故强为之容。曰：豫兮其若冬涉水，犹兮若畏四邻，严兮其若客，涣兮其若凌释，沌兮其若朴，混兮其若浊，旷兮其若谷。浊而静之，徐清；安以动之，徐生。保此道，不欲盈，夫唯不欲盈，是以能敝而不成。

——《老子》第十五章

我们为何如此幼稚

《中庸》说："喜怒哀乐之未发，谓之中；发而皆中节，谓之和。"喜怒哀乐可以有，但要不形于色，喜怒哀乐也可以表现，但要适度。《礼记》提出的理想是"连而不相及也，动而不相害也"，洁身自好、拿捏有度，这是儒家的方式。

《文言传》中定义"大人"为：与天地合其德，与日月合其明，与四时合其序，与鬼神合其吉凶。天地日月、四时鬼神都会听命于他，因为他主动与之相合。

道家眼中的"真人"似乎更高妙，他们微妙玄达，深不可测。

豫，通"预"，即提前准备。冬天过河，河上有冰，但冰有厚薄，稳妥的做法是提前做好准备。如履薄冰、如临深渊应该是过河者应有的态度，除此之外还应该认真了解冰层的厚薄，提前做好应对之法。

犹，据说是一种猿类动物，行动十分警觉。

"严兮其若客"，客随主便，周围都是陌生的目光，你是今天的唯一焦点，所以举手投足间皆不可放肆，正襟危坐，目不斜视，时刻保持自己的仪态。

"涣兮其若凌释"，春暖花开，冰雪融化，云卷云舒，无声无息，润物无声。

朴，即原木。原木加工后可以用作各种用途，可以是庙堂之上的重器，也可以盛放排泄之物，但终究一器一用，境界与原木不可同日而语。

浊流滚滚，泥沙俱下；空谷幽兰，花开花落。

豫、犹、严、涣、沌、混、旷，人生于天地间，难免与他人互动、与周围环境打交道。保持一定的提前量和警觉，或小心翼翼，或行云流水，质朴、厚重、旷达，这便是得道之士。

一个叫丁的厨师，其解牛的动作与节奏竟然与某段乐曲的旋律相合；他 19 年里解牛无数，其牛刀居然像新的一样。他的刀在牛身体的骨缝之间自由游走，或轻或重或缓或急，如入无人之境。庄子这里讲的是“养生”，他忠告我们应该像丁一样顺应自然，同于大道。

丁是厨师界的“成功人士”，因为他早已悟得大道。

庄子心目中的“真人”，则是“其寝不梦，其觉无忧，其食不甘，其息深深”，他们无忧无虑、无欲无求、气息如虹，就像一尊真正的佛。

致虚，极也；守静，笃也。万物并作，吾以观其复也。夫物云云，各复归于其根。归根曰静，静，是谓复命。复命，常也；知常，明也。不知常，妄；妄作，凶。知常，容。容乃公，公乃王，王乃天，天乃道，道乃久，没身不殆。

——《老子》第十六章

不作就不会死

有机会仰望乡野星空的人，一定会感受到至虚至静的宇宙是如此美丽，我们不值得为任何事情焦虑。

老子说：致虚守静就是我们唯一要做的，因为归根——回到起点一直都是宇宙间最基本的逻辑。反者道之动，所有的生命都起源于大地，最终也会回归于大地。事物发展自有其内在规律，种瓜得瓜，种豆得豆，这才是老子之道。老子之道就是无为。公大，王大，天更大，但都没有道大。

庄子理解的“归根”甚至充满了童趣。他说有一种极微小的物种叫“几”，它可以变成青苔、车前草、乌足、百土蚕、蝴蝶、灶马、鸟、萤火虫等。羊奚草跟久不生笋的老竹子相结合生出青宁虫，青宁虫生出豹子，豹子生出马，马生出人，而人死后又变成“几”。

以今天科学的眼光来看，庄子的万物演化过程显得既混乱又匪夷所思。但这种从“几”到“几”的轮回状态似乎也在揭示某种更神秘的道理，它可能就是静——真静了，就成佛了。

佛说灭度无量无边众生，而实无众生得灭度。佛不是谦虚，谦虚是我们的概念，而且多半是假装谦虚，佛家叫造作。该灭度的自然会灭度，只是迟早的问题，说灭度了其实也可以说没有灭度。从这个角度看，佛其实是无为的。

风箱带给老子的启示就是要信守虚静，“虚而不屈，动而愈出”，虚的趋势就是实，静则可以制动。《庄子·人间世》说“虚室生白”。如何让我们的心境变得澄明？先要将我们心里的杂草清除干净。

花开花落，云卷云舒，宇宙天地自有其道理。从本质上讲，我们的所有努力都是自作多情。眼见他起朱楼，眼见他宴宾客，眼见他楼塌了。所有的楼最后都会塌，再热闹的聚会都要散场，这就是人世间的大道理。

《老子》一句话便可概括：不作就不会死。作，就是找死。

> 太上，下知有之；其次，亲誉之；其次，畏之；其下，侮之。信不足，焉有不信，犹兮其贵言也。成功遂事，而百姓谓我自然。
>
> ——《老子》第十七章

摇荡民心，世界大同

司马谈《论六家要旨》中说“其术以虚无为本，以因循为用”，算是对道家十分精当的概括。道家看待世界的方式决定了其行为方式，世事纷纷、夫物云云，究其本质，虚无而已，以此为前提，就不能太积极、太主动，顺应、就势应该是最正确的选择。

虚无是道家认识世界的起点，从这里出发，道家的行为方式只能是无为，因为有为并不能真正改变什么。但无为不是什么都不做，而是不刻意，不主动去做。不管面前是鲜花还是大便，应该首先学会接受，这才是道家的本质。世界的形态主要取决于我们如何看待它。

这样的思维及行为方式有着广泛的适用性。按照老子的理解，管理者与被管理者的关系大致有以下几种情况：第一，管理者处于 QQ 已登录但设定为“隐身”的那种状态——你几乎感觉不到他的存在，但你若想跟他说话随时都可以，只不过这样的情况并不多；第二，大多数下属都愿意亲近你，而且在各种场合夸奖你，这是最恶心的了；第三，你的下属对你敬而远之；第四，他们希望你出门被汽车撞死。

四种情况境界高低不难判断。

《论语·八佾》中有关于君臣关系的讨论。鲁定公境界不高，在他看来君与臣之间就是一种简单的管理与被管理关系，他想知道这里面有没有什么更高妙的招数，孔子说了两个字：礼、忠。

君讲礼，臣自然会忠心，这是孔子的一贯理想。但就算是这样，大概也只达到了老子的第三种境界，至多是介于第二和第三种境界之间，比老子差了一个档次。

不同的政治生态取决于不同的治国理念，大道可以治国，仁义可以治国，法制可以治国，智术也可以治国。老子主张的是以大道治国，这里的大道就是“无为”。儒家更重视仁义。法家强调依法治国吗？中国历史上的法家心里想的是智术、权势、谋略、法术。被侮辱的一定是聪明能干、积极有为的领导者；百姓厚道，大部分情况下，能力差的领导在他们心目中就是好领导。

如果说“下知有之”是道家的理想，“亲誉之”是儒家的追求，“畏之”是法家社会，“侮之”应该是哪一家呢？老百姓不把领导当回事，可以批评、监督他，做得不好还可以“侮辱”他，最大的“侮辱”是下次不投他的票——听起来跟民主国家很像。说起来贵为领导，但是一言一行都要受人监控，想用点钱还要立法部门同意；什么特权都没有，自由裁量的空间几乎不存在，最惨的是还有可能要接受民意代表的质询乃至直接被弹劾。如此，不谦卑又能怎样？

但是对老百姓来说，表达诉求有许多渠道，如果这些渠道全部不管用，你手中还有选票。

“下知有之”的核心仍然是无为，相信事物发展自有其内在规律，就像花一定会开，明天一定会到来。

贵言，即不轻易表态。发表意见有三种情况，说得对、说错了、干脆不说。说错了固然不行，即便说对了——这次对了，下次呢？这件事说对了，别的事呢？

因此，最高领导者还是保持静默好了，尽量避免发出任何指令。但有智慧的领导者要有办法让下属知道你的好恶，讨好别人是人的本能，何况是讨好领导；然后让每个人都知道自己的位置，让每个人都觉得是他自己在控制局面，任凭他们去讨好领导，大家从此便可以痛苦并快乐着了。

《庄子·天地》说：大圣之治天下也，摇荡民心，使之成教易俗，举灭其贼心而皆进其独志，若性之自为，而民不知其所由也。这种论述似乎表明庄子也深谙管理大道。摇荡民心的说法很生动，领导者不要刻意去管束百姓，让百姓之心处于极度自由状态，一段时间后某种习惯就会形成，习惯慢慢会变成习俗，而这种习俗一定是利于大多数人的，更关键的是，这一切都是自然而然形成的。

人生原本就如此美满，人间原本就如此美好。

河上公为本章标题曰：淳风。

故大道废，焉有仁义。智慧出，焉有大伪。六亲不和，焉有孝慈。邦家昏乱，焉有贞臣。

——《老子》第十八章

大智不智

人都怕别人不知道自己聪明，所以总要设法表现自己的聪明。

跟大道治国相比，仁义只不过是垃圾；等到需要聪明来救治天下时，一定已经不可收拾了。

小时候写作文，好人好事是永恒的主题，我们通常的写法是当大家都在休息时，只有主人公还在挥汗如雨。慢慢我们就发现了问题，似乎除了主人公，其他人都是落后分子，为了表扬一个，需要打击一大片。可是如果大家都好呢？大家都好就无所谓好与坏了。按照这样的逻辑，如果大家都坏，也就不存在坏人了。大体上，佛也是这样看待世间有情众生的。

虞舜显然是好人，他无条件地孝顺父母、友爱兄弟，从不计较个人的得失。可我们同时记住的还有他黑心的母亲、愚昧的父亲以及蛇蝎般的兄弟。

我们褒扬一个人等同于苛责其他人。每逢年终，各种评优活动都会准时上演，学校也深受其害。无论评选结果如何，最后伤害的都是大多数。这是由教师工作的特点决定的，本意是想将大棒置换成胡萝卜，但这是一根带毒的萝卜。褒扬真的有用吗？现实生活中我们往往发现，那些真正值得表扬的人其实是不需要表扬的。

糊涂也有糊涂的好处，经验告诉我们，大锅饭的优势是不可取代的。费正清说，历代当政者的治理能力总体是呈下降趋势的，这才是朝代更替的深层原因。初期，当政者总是倾向于无为。时间一久，就开始有为，总想着留下点什么，于是开始折腾，越折腾越上瘾。这时，距离改朝换代就不远了。

父慈子孝本来属于天性，无须表现，更无须褒扬。《庄子·天运》中，庄子说：虎狼，仁也。因为虎狼界也是父子相亲。什么是“至仁”呢？庄子说：至仁无亲。

什么时候你感觉到了牙齿的存在？当然是你牙疼的时候。鱼不觉得自己需要水，除非它被困在了干涸的车辙里需要相濡以沫的时候。

佛家讲不起心不动念，日升月落，一切原本如此。社会祥和，每个人在家都是好儿子、好丈夫和好父亲，出门都是好领导、好同事。

> 绝圣弃智，民利百倍；绝仁弃义，民复孝慈；绝巧弃利，盗贼无有。此三言也，以为文未足，故令之有所属：见素抱朴，少私而寡欲。
>
> ——《老子》第十九章

无知，养生之道也

本章可以与上章合并。仁义、孝慈、圣智、巧利都是积极有为，这最终导致了社会的昏乱，而老子的主张是清静无为，别瞎折腾。

上章的仁义、智慧、孝慈、贞臣显然不合老子的心思，但本章中的“孝慈”似乎又成了老子希望出现的情景。而圣智、仁义、巧利是老子一直反对的。

研究者一般认为这是道家反儒的证据，最典型的如“绝仁弃义”，但简本明明白白地写作“绝伪弃诈”，反儒色彩并不明显。

世人都注意到“有”的利，老子就特别强调“无”的作用。圣智、仁、义巧、利与孝慈在一般人的价值观中都是被肯定的，老子以他一贯的思考方式看到了事物的背面。

鱼缸里面的水足够清纯，又有专供的氧气，但鱼宁愿回归江湖。

素，即未染色的丝。朴，即未变成的器的原木。一片天真世界中，大家少私寡欲。用圣智、仁义、巧利来教化民众最终都行不通，应该让他们回归大道，即见素抱朴，无欲无求。

道家是否反儒因为事关儒道孰先孰后而显得格外重要，道家反对圣智、仁义、巧利与孝慈，反对的是耍小聪明，反对太积极有为，儒墨法诸家都有这个毛病。更准确点说，道家只是反对当时的主流做法而已，不一定是反儒。

这是由道家独特的思维方式决定的。

与其说道家反儒或者说反主流，不如说道家更崇尚自然。狮子捕到一只羚羊，别的狮子是不会鼓掌的，这只狮子也不会期待，一鼓掌，问题就复杂了。狮子的行为方式应该更符合老子之道，在它们的生活中没有圣智、仁义、巧利这些概念。

从另外的角度讲，这也符合养生之道。《庚桑楚》说“学者，学其所不能学也”，不一定是天分问题。《养生主》告诉我们，不合自然的事情就是最危险的事情，人生最危险的事情，就是以我们有限的人生去追求无限的知识。

崇尚自然的表现之一就是学会接受。忧天的杞人是唯一的悲观主义者吗？大家都说“天”是云气所积，地是土石所堆，无须忧也。长庐子就很不以为然，云气土石就不必担忧了吗？这个问题我们也可以换个思路来解决，比如，我们无法知道天地会不会坏，所以担心也没有用。

科学从来都不是问题的全部，态度才是。

绝学无忧。唯与诃，其相去几何？美与恶，其相去何若？人之所畏，亦不可以不畏人。恍兮其未央哉！众人熙熙，若飨于大牢，而春登台。我泊焉未兆，若婴儿未咳。累兮如无所归。众人皆有余，我独匮。我愚人之心也，蠢蠢兮。俗人昭昭，我独若昏兮。俗人察察，我独闷闷兮。忽兮其若海，恍兮其若无所止。众人皆有以，我独顽以俚。吾欲独异于人，而贵食母。

——《老子》第二十章

大众分之一

23 岁的王弼英年早逝了，剩下我们这些俗人还无耻地活着，我们选择活下去的理由是别人都这么活着，而我们只是大众分之一，那些终极的问题以及伟大的事情让那些圣贤与英雄们去操心好了。

有研究者将“绝学无忧”中的“学”理解为学习，如果我们不跟别人学、不跟别人比，我们就不会有烦恼。另外一些人的理解是一个没有知识的人是不会有烦恼的。

知识越多越反动，没有知识的人当然就会无忧无虑。人们发明斗斛、权衡、符玺是为了规范大家的行为，但在一个反智主义者看来它同时也是在教人奸诈，庄子就主张将这些规范全部废弃掉。这种想法肯定符合老子的心理，老子觉得自己跟众人最大的不同就在于“无知”。

唯与诃、美与恶真的有区别吗？公主从小就知道，公主是不会迟到的，是别人来早了——这就是迟到与不迟到的区别。如何看待黑与白之间的差别，其本质就是如何看待我们所处的这个世界。

如果我们足够包容的话，事物之间的区别可以忽略。不过“得道者”与“众人”之间还是有很大不同的，至少表面上是这样，但成佛以后就是本质上的差异了，或者也可以说是所有的差异都消失了。

本章中反复拿“我”与“众人”或“俗人”作比对，比对的结果是我跟他们有很多区别，但这似乎没有给我带来烦恼，相反它让我有一种鹤立鸡群般的优越感，即“学”也无忧，因为所有的区别都没有我们想象中那么大。比如喜欢（美）与讨厌（恶），我们今天爱一个人把他看成一朵花，明天恨他时他又成了一坨屎。从另一层意义上讲，在下属面前你说了算，但在上司面前你也得唯唯诺诺。既然如此，我还是做我的“愚人”吧！

在老子看来，这个世界有两种人：得道者与众人。《神仙传》里记录了大量不可思议的得道者，即仙人，他们通常都有特异功能，经常可以活一两百岁以上。

众人与“我”（即将得道的人）的距离大概就是“我”与仙人的距离。

众人即佛家说的颠倒众生，他们常常为了最无价值的东西去伤害最重要的东西，比如以健康为代价而去追逐虚名。

如果说众人与“我”的距离约等于“我”与仙人的距离，那它大约也是仙人跟菩萨之间的距离。

玄奘在《大唐西域记》中讲了一个入定高僧的故事。在今天中印边界的克什米尔高原，玄奘发现一座奇怪的小山包，挖出来一看是一位入定的高僧。引磬一敲，高僧就出定了。一问，说是迦叶佛时代已证得阿罗汉果的人，在此等释迦牟尼佛的印证。玄奘说，释迦牟尼佛已经涅槃一千多年了。“那我等弥勒佛吧！”说完又入定了。

迦叶佛是什么时候的事情？“人寿二万岁时，此佛出世。”迦叶佛是过去佛，释迦牟尼佛是现在佛，56亿年之后未来佛弥勒佛才会来到人间。佛家讲劫数，佛经说人的寿命在10岁与84000岁之间循环，其间每100年增减一岁，一个轮回为一小劫，二十小劫为一中劫，八十中劫为一大劫，算下来超过268亿年。佛经上还说，天寿可以有八万四千个大劫——这个数字比天文数字还大。另外，在佛眼看来，八万四千个大劫也只是一个瞬息。

佛说，一钵清水中有八万四千微虫，但是两千年前我们不可能有微生物的概念。268 亿年约等于宇宙的寿命，佛教也许是在以一种我们无法理解的方式揭示宇宙的秘密。另外，按照每 100 年增减一岁的理论，每 2000 年就应该增减 20 岁，我们今天的平均寿命跟 2000 年前相比就该增加（减少）20 岁——这与我们知道的历史事实几乎完全相符！

按这种方式推算，迦叶佛真的已经离开我们很久了。

佛的时空观远远超出了我们的思维能力，在我们眼中不知晦朔的朝菌和不知春秋的蟪蛄是没有什么幸福感可言的，而跟得道者相比，我们也没有资格谈什么幸福感了吧！高僧剥了一粒花生，然后就入定了，出定以后以为打了一个盹，低头一看，手上的花生变成了一棵花生苗。一位高僧的一次入定也足以挑战我们的时空观，高僧离佛可能还有十万八千里，如此说来，得道者又算得了什么？

得道者的落寞与孤单是因为他的小众、异于常人，还是因为他的得道？表面上看起来区别可能不大，但弄清楚还是很有意思的。如果是前者，大隐隐于市，其实随大溜也未尝不可；如果是后者，孤单还是很有价值的，而且这样的孤单并不可耻。

小众还是大众？大众可能最终收获了一个千疮百孔的人生，但小众也可能落寞而死。八卦图告诉我们，好与不好都在一个整体中，没什么好纠结的！

神仙们肯定不会羡慕我们俗众的生活状态，问题是我们就一定想过神仙的生活吗？换句话说，朝菌、蟪蛄存在的价值是什么？

魏文侯与田子方饮酒而称乐。文侯说：此钟的音高有问题，左边的高了。田子方笑。文侯问他笑什么，田子方说：聪明的君主关注的是人，昏庸的君主关注的是音。现在您心中只有乐音，我担心您心里没有人啊（文侯与田子方饮，文侯曰："钟声不比乎？左高。"田子方笑。文侯曰："何笑？"子方曰："臣闻之，君明乐官，不明乐音。今君审于音，臣恐其聋于官也。"《资治通鉴·周纪一》）！

魏文侯本来可以过更有品位的人生，察察为明当然只能算是小聪明，"我"的高妙之处就在于"我"的糊涂。我们还可以关心下一个问题：得道与否有什么关系，或者说得道者的幸福感会来得更强烈些吗？

入定之后我们去了哪里？入定之后我们是什么？佛说：什么也没有了，但得了大清静、大自在、大光明。

没有痛苦是否等同于幸福呢？了脱生死之后呢？佛家说人生有五毒八苦，生老病死全是苦，但我们都觉得其实还是有很多乐趣的，有苦有乐、苦中作乐、乐中带苦才是真实情况。

尽管有钱人也有烦恼，但显然穷人的烦恼更多，物质本身不会给我们带来幸福，但在与周围人的对比中却会；心智简单者可能不会痛苦，但他们的幸福感也不会强烈，这跟他们的笑点低是一样的道理，至少在笑点高的人看来他们还是蛮可怜的。

满足可能只是表面的，像徐峥、郭敬明的电影，热闹是有的，但永远触不到灵魂。

孔德之容，唯道是从。道之物，唯恍唯忽。忽兮恍兮，中有象兮。恍兮忽兮，中有物兮。幽兮冥兮，中有精兮。其精甚真，其中有信。自今及古，其名不去，以顺众父。吾何以知众父之然也？以此。

——《老子》第二十一章

当我们感到恍惚的时候

《老子》有一些可疑的章节，本章也算是一个代表吧！

“道”是本，“德”是用。“孔德之容，唯道是从”说的是道与德的主从关系。世界的本体是道，万物皆有道，一物一道即是德。在“道经”部分突兀地论及道德之关系本已可疑，更可疑的是接下来又在试图告诉我们“道”是什么。

不是说——道是不能说的吗？

一方面，道昏暗而幽深，难以捉摸，另一方面，它又确实“存在”。作为世界本体的“道”，它就是“存在”本身。我们说它至大无外又至小无内，它无始无终，但只要我们试图使用语言去描述便已经是离题万里。而作为老子处世哲学的道，它既是老子认识世界的起点，又是老子面对这个世界时的行为准则，概括起来大致就是：顺应自然，清静无为。

唯恍唯忽，忽兮恍兮，恍兮忽兮。当感觉恍惚（忽）的时候也就是无限接近“道”的时候吗？这样的意思老子已经表达过了，后面还会反复表达，可能是因为他觉得大部分人都理解不了吧！

比“道”更难理解的似乎是佛的境界，佛学甚至不能理解有一个本体的存在，因为连“佛”都不存在。

如此说来，佛学是在谈论一个根本就不存在的东西吗？也许它只是在向我们描述这个世界的荒诞性——空性。在谈论轮回的时候有人会用放羊娃的例子来加以说明。对放羊娃来说，放羊—娶媳妇—生娃—放羊这样的“轮回”简单明了，其中没有意义的追问，自然也没有痛苦；而对旁观者来说，这样的轮回却充满了荒诞，因为这里面没有“意义”的参与。

这也是佛想告诉我们的，如果不能成佛，我们就只能在六道中“轮回”，而这种“轮回”从本质上讲毫无意义。

如果我们已经成佛了，“意义”当然也就永恒退出了。

藏传佛教喜欢用修行者与牦牛角的大小关系来说明真正觉悟以后意味着什么。冰雹袭来时，修行者躲进了路边的牦牛角，修行者没有变小，牦牛角也没有变大。修行者在施展神通吗？对于无明的众生而言，刚才路上什么也没有发生过。

成佛以后我们是谁？我们在哪里？这样的终极问题同样无法用我们的语言来回答。相对而言比较容易理解的是我们的梦境，比如就在刚才的梦中，有五百头活生生的大象来到了你的房间，但是你的房间根本装不下这些大象，而且在“这个”世界里也确实没有大象来过你的房间。

但“刚才”有关五百头大象的场景我们一点也不觉得不妥——梦不就是我们最“恍惚”的时候吗？

比梦境更“真实”的是电影。当电影院里的灯光熄灭以后，我们就进入了另一个世界。我们当然知道银幕上的东西全是假的，但这丝毫也不影响我们进入剧情，欣赏电影。如果说银幕上就是众生的话，坐在电影院里的你就是佛——你完全清楚银幕上其实什么也没有。像我们在电影院欣赏电影一样，佛大概也是在某处这样看着我们这些有情众生的。

如果什么也没有的银幕上可以完美呈现一场战争，现在佛说他可以把宇宙放在一个原子上面有什么不可能的吗？

印度菩提伽耶有整个佛教世界最神圣的大觉寺，寺中供奉着按照释迦牟尼本人样貌塑造的圣像，寺旁就是那棵著名的菩提树——佛证悟的第一个见证者。宗萨钦哲仁波切在《朝圣：到印度圣地做什么》一书中写道：“一旦进入大觉寺的内围时，这座寺庙所散发出来的强烈气氛，会让人仿佛掉入一种恍惚的状态之中。”

欠者不立。自是者不彰，自见者不明，自伐者无功，自矜者不长。其在道，曰余食赘行，物或恶之，故有欲者弗居。

——《老子》第二十二章

脚放平了，心就静了

每年年初，我们都会被告知今年是“关键的一年”，仿佛人生就是为了拼搏的。拼搏了一年，领导告诉我们说，成绩只能代表过去，然后又从零开始。就像小时候过年，说起来过年是从腊月二十三，甚至腊月初八开始的，可一直到除夕我们都没有真正等到什么，而初一早上醒来时又觉得年已经过完了。

如果每天都是拼搏，那我们生命的意义是什么？难道拼搏本身就是有意义的吗？

我们一直都在“彩排”，盛大的演出永远都不会开场，每个人都在为虚幻的“将来”耗费时光。

不仅如此，一直以来我们受到的教育是踮起脚尖才更靠近阳光，也更容易触摸到理想——“踮起脚尖吻到爱”，但常识告诉我们，踮起脚尖的人是无法站稳的。

在通行本中，此处是“企者不立，跨者不行”——踮起脚尖的人站不稳，大跨步走路的人也是走不远的。跟“自是”“自见”“自伐”“自矜”一样，“欠者”“跨者”也属于多出来的垃圾，正常人是不会抱住垃圾不放的。

如果人生就是为了拼搏，而我们人类的寿命统共也就几十年，那人生本身的意义是什么？按照佛法的理解，喜怒哀乐都在伤害我们。

你可以花几百万买台豪车，也可以花几千万买栋豪华别墅；但你坐在豪车里可能正心乱如麻，也可能大部分时间待在办公室里加班而任由别墅空着。

当然你还可以花大把大把的时间让自己什么也不干，就这样闲着。

曲则全，枉则正；洼则盈，敝则新；少则得，多则惑。是以圣人执一，以为天下牧。不自是，故彰；不自见，故明；不自伐，故有功；弗矜，故能长。夫唯不争，故莫能与之争。古之所谓曲全者，几语哉？诚全归之。

——《老子》第二十三章

“选择”的同义词就是“放弃”

这个世界有秘密吗？如果有，它是什么？

“无论疾病还是健康，无论贫穷还是富有……”你将作何选择？这样的问题放在基督教教堂的婚礼现场，每个人都做出了令对方感动的承诺，即在必要的情况下他们选择疾病与贫穷。不过中国人更相信夫妻本是同林鸟，大难临头各自飞。

“选择”的同义词就是“放弃”。但并非所有的选择都如此艰难，比如一双旧鞋子和一双新鞋子，选择新鞋子是符合人性的，但老子告诉我们应该选择旧鞋子。

没有骨骼和外壳的章鱼成功晋升为海洋防御大师；大风吹来的时候，一棵树因为选择了屈身而得以保全——这样的道理完全可以用来指导我们的人生。

对立统一、阴阳互根、阳逆阴顺、此消彼长、物极必反等是每个中国人从小就明白的道理，居安思危、乐天知足更成了中华文化的基本精神特征。

委屈自己才可以保全自己，弯曲后才有机会矫正——本来就是正的哪里还有“矫正”的空间呢？不满的才有机会填满，旧了才有机会更新，少了才有机会增加……这个世界没有绝对的好与坏！塞翁失马，祸福难料，今天的吉中隐藏着明日的凶，这就是八卦相荡。

这就是世界的秘密，也是《老子》的全部秘密。

辩证法思想萌芽于《易经》，但成体系于《老子》。在这个问题上陈鼓应先生说得很透彻：“老子由万事万物的对反现象寻找出它们之间的发展规律，从而建立了中国哲学史上第一个系统性的辩证法。”

辩证法的说法可能是对《老子》的浅化与庸俗化。《易经》以宇宙间万事万物为观察和研究的对象，用“阴”和“阳”两个基本要素，描述了一个阴阳变化的系统，对阴阳关系的深刻理解使得中国人在抉择面前显得无比睿智、从容。

如果“彰”“明”“有功”“能长”才是我们的最终目标，在此之前远离自是、自见、自伐、自矜就不该有任何困难。如果没有人跟你争才是你想要的，秘诀就是你别去跟别人争。

这就是道家看待世界的方式。

佛教是终极真理还是一种对看待世界的方式？基督教告诉我们说，经过努力我们都有机会进入天堂，但无论如何我们都不可能成为上帝；佛告诉我们说世界并不存在任何主宰，每个人都可以成为佛，而且我们每一个人本来就是佛，只是我们大部分人自己不知道罢了。

希言自然，飘风不终朝，暴雨不终日。孰为此？天地而弗能久，又况于人乎？故从事而道者同于道，德者同于德，失者同于失。同于德者，道亦德之；同于失者，道亦失之。

——《老子》第二十四章

学闭嘴比学说话难

希言是指少发号施令，因为你的一个号令可能需要十个“实施方案”予以保证，就像我们的一个谎言可能需要另外十个谎言来圆一样。

可以谆谆教诲，也可以行不言之教；可以是孔子，也可以是老子。

什么更合乎天地之道？常识告诉我们疾风骤雨通常都不会持续很久。南方谚语说：雨打黄梅头，四十五日无日头。梅雨因此又称“霉雨”。

天地尚不能长久，我们更要时刻保持安静。但我们总是安静不下来，似乎太安静了，“自我”也就不存在了。是啊！假如地球上只剩下一个人了，他如何证明自己的存在？

按照佛家的说法，“自我”本来就是不存在的。但无明的众生并不知道这一点——如果这个世界真的没有“自我”，谁来证明？我们通过与人互动来证明“自我”其实是存在的。

我们自然而然地确信有一个肉体在这里，并认定那就是“自我”；假如不与别人发生联系，有时候我们难免会怀疑“自我”是否真的存在。我们发泄情绪，别人有回应了，我们就满足了；我们爱别人，别人接受了，我们从中找到了自己。喜欢虚张声势的人，只是通过这种方式证明自己的存在。

作为领导者，还有什么比发号施令更能证明“自我”的存在呢？

在老子看来，喜欢发号施令就是“作”，作的下场就是死。

有物混成，先天地生。寂兮寥兮，独立而不改，可以为天地母。吾未知其名，字之曰道，吾强为之名曰大。大曰逝，逝曰远，远曰返。道大，天大，地大，王亦大。国中有四大，而王居一焉。人法地，地法天，天法道，道法自然。

——《老子》第二十五章

佛陀的故事

跟老子十分相似的是我们对佛陀的身世也所知不多，有关佛陀的大部分细节都是后人创作出来的。时间越靠后，那些细节越具体、越生动。就像在孔子的时代，大家相信中国的历史应该从尧算起，而到了战国时期，人们开始讨论黄帝和神农，秦人创造了“三皇”，汉代以后，我们相信盘古才是我们的始祖。

印度人似乎没有重视历史的传统，对过去的事情他们习惯于差不多就行了，一直以来，编写一部印度信史都是一件十分困难的事情。

但我们还是可以通过一些模糊的旁证来推测佛陀大体生活在公元前500年前后。如果孔子周游列国时将步伐迈得足够大的话，说不定他有机会见到佛陀。

佛就是无所不能的神吧？即便是真正的佛教徒大概也会有这样的印象，或者说那个叫悉达多的人后来变成了无所不能的神。

在传统的佛教故事里，悉达多都是一位王子，他来自古印度的一个王国。据说他降生的时候发生了一系列不寻常的事件，就像许多人相信刘邦出生的时候，他家里有蛟龙出现一样。

悉达多似乎从来都不是一位循规蹈矩的人，尽管他有自己的孔雀园，他身边有成群的健壮男佣和美若天仙的侍女，但他隐约知道这并不是世界的全部。一个可怕的预言则说，这个王子可能会出家。

在一次近乎完美的夜宴之后，整个王宫突然被魔法控制了，从国王到佣人全都沉睡不醒，原本美若天仙的侍女们在酣睡中丑态百出，加之他已经有所了解的生老病死……悉达多想知道这一切都是为什么，于是他独自一人离开了王宫。

王宫之外，王子看见的有情众生似乎一直都处在痛苦之中。他们有什么出路吗？悉达多决定去寻找帮助他们的方法。

六年的苦行让悉达多的身体承受了前所未有的痛苦，但这依然无法让他找到答案，他相信是这种修行的方式有问题。他毅然站起身来，走到河边用河水洗干净了身体，并接受了一位牧羊女的供养。

他继续南行至伽耶城，他见到了一棵毕钵罗树，树下有一块平板石头，他用一些茅草铺在上面，他发誓说在证悟之前不会离开这块石板。

七天七夜之后，悉达多王子变成了释迦牟尼佛。那种树现在叫菩提树，那种草现在叫吉祥草，那座城现在成为佛教世界里最神圣的地方。

就在悉达多王子即将变成佛的时候，魔罗曾经派出自己的五个女儿——全世界最美丽的女人——去诱惑王子，但在王子眼中她们已经不再美丽；魔罗又派出最强健的武士，他们射向王子的利器变成了漫天花雨。因为已经证悟的悉达多知道，那些女人和武士只是他自己的心魔。

证悟是什么？或者说佛是什么？

到目前为止，我们肯定还在六道中；但通过学习佛法，我们依然有机会偷窥一眼佛的境界。

你开车连续走了十公里的“搓衣板路”，突然来到了光洁的柏油马路上——那一瞬间你几乎就是佛！你决定参加一次没有把握的考试，有两种结果：通过了，你很兴奋；没通过，你感到很沮丧，但你还可以安慰自己说，我努力了，我不后悔。然而，不管兴奋还是沮丧对你其实都是一种伤害，你本可以选择不参加的……

如果把考试换成一段没有把握的感情也许更容易让我们理解什么是证悟。对，你可以选择“不参加”。证悟的好处就是没有痛苦，代价是也没有快乐。

对于抽烟人来说，没有香烟的日子一定是苦不堪言的；对从不抽烟的人来说这个问题有点抽象；成功戒烟的人既不会觉得没烟的日子难受，也不会觉得有香烟就幸福。我们众生证悟之后大概接近这种状态吧！但是按照某种佛法的理解，戒掉烟只是第一步，你还应该将因为戒烟而产生的成就感以及看到依然被困在烟雾中的人的同情一并“戒”掉。

当佛还是悉达多王子的时候，他就是一位普通人。他在菩提树下静坐49天之后，他终于明白了：世界上所有的事物都是偶然的合和，没有什么是固定不变的；我们无比执着的“自我”其实并不存在；自性不生不灭，了脱生死流转之苦，世界的终点就是无为寂静。

苦集灭道，这就是拯救世人的不二法门。

佛就是一个彻底“明白了”的人，从这个意义上讲，我们每个人都有机会成佛的——佛陀灭度之前也是这样反复忠告世人的。至少我们相信，跟地狱不是一个物理空间一样，天堂也不是一个类似世外桃源的某个具体地方。

地狱和天堂都在我们心中，我们甚至不知道其实我们已经去过了，只是时间不够长久罢了。因此，我们应该知道，只要贪婪，我们就在饿鬼道，嗔恨时我们便在地狱，冥顽时我们便是畜生。

痒了骚一下觉得挺快乐，骚不到就觉得痛苦，从来不痒的就是佛！

中国上古神话说，始母神女娲化生万物，最重要的是她还按照自己的模样创造了人类。但早在两千年前，屈原就提出了一个不合时宜的问题：谁创造了女娲？

老子的方式可能更有科学精神，他问：没有人类之前有什么？没有地球之前呢？没有宇宙之前呢？

对，那就是——道。

> 重为轻根，静为躁君。是以君子终日行，不离其辎重。虽有环观，燕处则超若。若何万乘之王，而以身轻于天下？轻则失本，躁则失君。
>
> ——《老子》第二十六章

静主要是心之静

重，即持重、厚重。轻，即轻薄、轻浮。静，即沉静。躁，即浮躁。

老子贵重、贵静，反对轻浮和浮躁。老子告诉我们，只有在“沉静”的状态中，我们才可能成为真正的自己。身体还是天下？即便是大国之主，也应该清楚孰轻孰重。

期待与恐惧让我们的心变得僵固，我们总是渴望着什么，同时又害怕某些东西。我们应该像锻炼身体一样训练我们的心，让它逐渐变得柔软而沉静。

然而一开始我们的心绪总是像一挂悬崖前的瀑布，滔滔不绝。即便是我们的身体进入了睡眠状态，我们的心也一刻不得安宁。但这并不可怕，当我们意识到这一点时，已经是一个重要的开端了。

我们可以让自己的心像一条山中溪流，它大部分时间在奔腾，但有可能在某个时期静静地流淌，这便是重大进步。

我们还让自己的心变成海洋，尽管它的表面波涛汹涌，其实它的主体部分还是深邃宁静的。我们大部分人穷其一生都到不了这个阶段，但努力一番还是很值得的。

我们甚至有机会让自己的心变成波澜不惊的深海。

然后我们就成佛了。

善行者，无辙迹；善言者，无瑕谪；善数者，不以筹策；善闭者，无关籥（钥）而不可启也；善结者，无缧约而不可解也。是以圣人恒善救人，而无弃人，物无弃财，是谓袭明。故善人，善人之师；不善人，善人之资也。不贵其师，不爱其资，虽智乎大迷，是谓妙要。

——《老子》第二十七章

风穿疏竹，雁渡寒潭

乾隆下江南来到金山寺，见当家的大和尚进进出出、忙前忙后，就对他说：我看你还是再出一次家吧！

皇上都在游玩，你一个和尚有什么好忙的？

话是这么说，但乾隆命好，康熙和雍正为他挣够了家底，他当然可以任性地挥霍。他挥霍的方式包括游山玩水，跟“小燕子”们打情骂俏，养着和珅陪他玩。他甚至还是中国历史上最高产的诗人，他在做皇帝之余为我们留下了数万首平庸的“御制诗”。做皇帝、写诗到底哪个是“圣人之余事”还真不好说。

圣人的“正事”就是“无为”，跟中国历史上大部分帝王比，乾隆算是深谙无为之道的了。前有康熙大帝平叛固疆，后有雍正王朝整顿吏治，乾隆应该做的就是顺承父辈的事业，而不是继续大拆大建，因此康乾盛世中乾隆的雍容大度与风流倜傥才是重点。

有时候，你真的不需要太认真、太努力，因为通常情况下，一个人成就的大小跟态度并非正相关。比如弄丢了大明江山的崇祯就是著名的有为皇帝，据说二十多岁时头发已经忙白了——名副其实的“白忙”。

据《史记·萧相国世家》《史记·曹相国世家》载，萧何与曹参同为汉高祖旧识，他们共事汉王，各具功劳，其间二人因事结怨。萧何病重时，惠帝请教百年后谁可代相，萧何毫不犹豫地推荐了曹参。曹参听说萧何去世后的第一反应便是让人赶紧准备行装，“吾将入相”。

萧何与曹参二人的君子之风让后人感慨，萧规曹随的历史佳话更值得热衷于建功立业者借鉴。

曹参为相后，一遵萧何约束，举事无所变更，日日饮酒清谈，有所劝谏者曹参皆不应。最后连惠帝都坐不住了，曹参说：您跟高祖比谁更圣明？惠帝说：当然是高祖。曹参问：您看我跟萧何丞相比谁贤明？惠帝说：好像萧丞相更贤明。曹参说：高祖和萧丞相圣武贤明而定天下，我们皆不能及，若能遵照既定方针行事，清静无为，百姓安宁，国家之福也。

对于什么才是真正的“无为”，大家都有自己的理解。“无为不是什么都不做，是顺势而为、善为。”听起来更像是一种狡辩。庄子则用“筌”与“鱼”的关系来说明什么是无为。《庄子·外物》说：“筌者所以在鱼，得鱼而忘筌……言者所以在意，得意而忘言。”做不做、做多做少都不是问题，就像渔夫，鱼抓到之后，鱼篓就不是重点了。

庄子似乎是在强调“动机”，心里无为便是无为了。我们相信还有一种无为是真的什么都不做，比如把山封起来就是最好的育林，在这里，不做就是最好的做。

老子说：一个真正善言之人，不会留下任何把柄；真正善于计数者根本就不用筹策；真正安全的门不用上锁；最牢固的捆绑根本就不需要绳索。就像一个真正的行者，他们踏雪无痕，如神龙出没，如风穿疏竹，如雁渡寒潭。

这位伟大的悲观主义者告诉我们：永远相信世事自有其演进轨迹，花开花落，云卷云舒，不做就是最好的。不做就是不作，而不作就不会死。

知其雄，守其雌，为天下溪。为天下溪，恒德不离。恒德不离，复归于婴儿。知其白，守其辱，为天下谷。为天下谷，恒德乃足，复归于朴。知其白，守其黑，为天下式。为天下式，恒德不忒。恒德不忒，复归于无极。朴散则为器，圣人用则为官长。夫大制无割。

——《老子》第二十八章

混沌如婴儿

悉达多王子决意出家，绝望的净饭王亲自为儿子挑选了五位随从。六年的苦行让王子依然不得要领，他意识到要想解救众生必须另寻他法。他站起身来到河边洗净自己的身体，并接受了牧羊女的供养。这种违背初衷的行为遭到了五位随从的集体抗议，他们一起离开了王子。

49 天后王子证悟成佛，他来到鹿野苑寻找那五位随从。他们没有原谅王子而是打算将他奚落一番，但是当他们看见远远走来的王子时身不由己地跪倒在地——成佛以后的王子身相无比庄严，令人无法逼视。

五位随从皈依了佛陀，并成为佛陀的首批弟子。

传统的佛教故事通常都会提到这个细节，我们可能永远都无法想象成佛的王子的身相究竟是怎样的庄严，但我们相信 49 天的禅定让王子发生了重大变化，即使从表面上也能看出这种变化。

王子还是原来的王子，但他拥有了前所未有的力量。这种力量究竟来自哪里？佛法修行者一直被教导说佛拥有三十二相，八十随好。哪三十二相呢？比如佛的手指间有类似鸭蹼一样的东西，佛的舌头可以将自己的脸全部覆盖起来，甚至还说佛的宽和高是一样的……我们是在谈论一个木箱子吗？噢，对了，这是在告诉我们佛其实是没有“相”的。

而“相”一直都是我们最大的问题。我们顾影自怜，我们期待得到更好的东西，我们害怕不好的东西，一切都源于我们对“自我”的执着。

如果蚕不执着了，茧其实是不存在的；孙悟空头上的紧箍咒也一样，当他不需要的时候，紧箍咒便消失了——这就是佛的力量！

从这个意义上讲，不执着的婴儿同样充满了力量感，他们的身相也足够庄严。

有本钱的人才有资格“示弱”，婴儿是最有本钱的。他们的笑声可以照亮整个房间，他们的哭声可以惊天动地，他们旁若无人，他们混沌如木，每一个婴儿都是一尊佛。

孩童的力量还在于他“智识”的空缺。对他来说，一堆沙子已经是最大的财富了，他执着地相信沙子里面埋着世界上最神奇的东西，而且沙子在手心里滑动的感觉让他觉得这就是世界上最有趣的事情，因此他可以大半天趴在一堆沙子上乐此不疲。而成年的我们清楚沙子里面其实什么都没有，而且沙子抓在手里的感觉一点都不好玩——一个专注于沙子的孩童其身相一定是庄严的。

雄与雌，一强一弱，“逞强”是我们自我保护的本能选择，但选择“示弱”的人可能才是真正强大的。晚清重臣曾国藩文韬武略、彪炳千古，晚年在剿灭太平军的战事中却多有不顺，曾兵败回家乡养病，有高士赠他一副对联，上面就有“知其雄，守其雌”的教导，让曾国藩豁然开朗。

这里强调知雄守雌，不使用神通的前提是自己有神通，有神通而不使用者才有力量感。雄雌、白（清白）辱、白黑是同样的逻辑关系。有水为溪，无水为谷，都在山之低处，符合老子的处世之道。婴儿、无极、朴则是老子的终极目标，它们同样充满了力量感。

“大制无割”中“制”或应写作“製”，天衣无缝的意思。在庄子的想象中有一位混沌大帝，它位居天地的中央，它纯朴而自然、无知无欲。后来，它拥有了跟我们一样的七窍，接着就死了。

将欲取天下而为之，吾见其弗得已。夫天下神器也，非可为者也。为者败之，执者失之。物或行或随，或嘘或吹，或培或堕。是以圣人去甚，去泰，去奢。

——《老子》第二十九章

“无为”是一种境界

“无为”思想肯定是老子思想最精华的部分，也是他与其他诸家最明显的区别。

以天下为例，为者败之，执者失之。天下，神器也，而神器是不能随便拿在手里的。况且，事物发展自有其内在规律，日升月落，冬去春来。在这个地球上，每天日落之前就有大约20万个跟我们一样的生命永远离开了我们，而且所有的生命终将逝去，我们实在不值得为任何事情焦虑。

“有为”是大部分人的自然选择，总得做点什么或是改变点什么，要不怎样证明我的存在呢？老子的反其道而行之是属于对现实的绝望还是有更高的追求？从历史上看，选择黄老之道有无奈的一面，但追求“出奇制胜”的动机肯定也是有的。

比老子更绝望的庄子以及后世道家将这样的理念主要运用在了“养生”上。我们日常起居遵循四时规律，淡泊无欲，身体就健康，用这样的原则治理国家也应该是可行的。

但这样的建议至少儒家是听不进去的。

孔子的“天何言哉”更多的可能只是一种绝望和牢骚。天什么也没有说过，什么也没有做过，但大地生生不息，四时轮换如常。依此推断，我们的失败都是因为我们的积极、主动、有为。

捣乱失败，再捣乱再失败，直至灭亡。

中国佛教历史上曾经将“觉悟”等同于“无为”，南北朝时“觉悟”就被翻译成了“无为”。佛法中的觉悟就是从此不执着，解除“二元”，当然不屑于去折腾；但死守“什么都不做”似乎也是一种执着，还是有为。

一个真正的佛教徒会认为彻底的无为就是进入禅定，切断与外界的所有连接，至少在这一刻，没有什么大不了的，仅仅是挺直脊背，专注呼吸。

四禅八定中最后定于“非想非非想处”，没有“想”，也没有“非想”。这才是“无为”的最高境界。

以道佐人主，不以兵强于天下，其事好还。师之所居，楚棘生之。善者果而已矣，毋以取强焉。果而毋骄，果而勿矜，果而勿伐，果而毋得已居，是谓果而不强。物壮而老，是谓之不道，不道早已。

——《老子》第三十章

兵者，国之大事

作为读书人的孔子并没有更多的机会参与征战，他甚至在卫灵公面前“坦承”自己从未涉猎过“军旅之事”。即便不是推托，至少也表明该领域中没有他的兴奋点。

跟修身比起来，孔子关于战争的发言可谓惜字如金，我们不是十分清楚他对于战争的态度。但他明确反对将未经训练的百姓直接送上战场，认为那等同于让他们去送死（“以不教民战，是为弃之”）。孔子还为战术训练设定了时间限期——七年（“教民七年，亦可以即戎矣”）。在他有限的从政生涯中，曾主持过规模宏大的城墙拆除工程，因为它事涉政治斗争，场面混乱几等同于战场。

夹谷之会，孔子的沉着和果敢为弱小的鲁国挽回了不少面子，孔子的不少学生则直接参与了战场厮杀。但总体而言，孔子关于战争的言论书生气十足。

一直以来，“祀”与“戎”都是国家最大的事情，商鞅则将秦国的大事变成了“耕”与“战”，直到20世纪五六十年代我们的口号还是“备战备荒”。“孔子学院”的六门功课中就有射和御，就算射是当时流行于朝野间的一种休闲娱乐形式，“御”肯定不是“孔子学院”附属的一所商业驾校。御就是驾车，车主要是战车，战车是要上战场冲锋陷阵的。

对孔子而言，战争似乎是个技术活；相对而言，老子眼里的战争首先是一个道德的问题——跟怎么打比起来，更重要的是要不要打。战争留下来的只有废墟，这样的冷酷现实从冷兵器时代就已经开始了。

如果战争是不可避免的，决定战争进程的就只能是战争目标的完成情况，不能夹带任何个人情感，更不能逞强。20 世纪 70 年代末，中国和越南的边境地区曾爆发了一场武装冲突。中国军队从攻入越南境内到撤回国内，前后用时不过一个月，随后双方都宣布自己取得了战争胜利。第二次海湾战争，更强大的美军历经八年多才勉强撤出了伊拉克，上演的是一场“胜利”逃亡。烂摊子的确够烂的了，伊拉克肯定输了，对美军来说活着回去就是胜利。

在这个问题上，动物常常比我们更“理智”。非洲大草原上，狮子与鬣狗常常会争夺食物，为了生存它们之间也会有激烈的斯杀，但很少有杀死对方的情况出现，因为它们都清楚它们的目标是食物而不是杀死对方。

墨子反战，后世儒家如孟子也明确反对战争。战争本身是丑陋的，不管它以多么堂皇的理由开始。所有战争的本质都是一样的，就细节而言，战胜和战败也一样。

孔子可能只是被当时的社会裹挟着以某种形式“参与”了战争，“隳三都”的最终目的是消弭战争，最后却变成了以战止战。孔子当然可以用此举避免了日后更大规模的战争而聊以自慰，老子却从一开始就对战争保持了足够的警觉——战事与“无为”背道而驰！或者，老子坚持认为，我们在战事中也应该秉持“无为”的原则。

老子论及战争是因为老子的书是帝王的教科书，作为教科书，其编排体系应该完备，战争是无法回避的话题。

以此推论，四大皆空的佛家无论如何都不应该跟战争扯上关系了。但我们知道，禅宗祖庭少林寺里那些武功高强的武僧可绝对不是“吃素”的！而根据传统，比丘习武仅仅是一种禅修的方式，但历史上他们却不仅以“诸法无我”的缥缈身影保护了佛门的清静，甚至还在一定程度上影响了历史的进程。

夫兵者，不祥之器也。物或恶之，故有裕者弗居。君子居则贵左，用兵则贵右。故兵者，非君子之器也；兵者，不祥之器也。不得已而用之，恬淡为上。勿美也，若美之，是乐杀人也。夫乐杀人，不可以得志于天下矣。是以吉事尚左，丧事尚右。是以偏将军居左，上将军居右。言以丧礼居之也。杀人众，以悲哀泣之；战胜，以哀礼处之。

——《老子》第三十一章

哀兵则胜

战争到最后似乎演变成了一个“礼制”问题。按汉代刘歆的说法，道家出于史官，儒家出于司徒之官。如果把道家归入知识分子序列，儒家则当属于公务员编制。

有关孔老皆以“丧礼”起家的说法似乎影响更广。据说有一次送葬队伍在途中遇见日食，《周礼》对此并无具体规定，孔子认为按照常规没有人会选择夜里送葬，不幸遇见日食，应该加紧赶路，否则会让死者不安；老子却讲了一大通应该停在路边等日食结束的大道理。他说根据古礼，只有罪犯和奔丧人才会赶夜路。孔子似乎十分低调地处理了这次分歧，据说当时孔子还是该行业中的后起之秀。有关孔子向老子请教“礼”的历史传言还有很多，真真假假，至少道家是不会主动澄清什么的。

“礼”肯定不单是儒家的事情，从周公制礼作乐开始，“礼”就成了全体中国人日常生活的一部分。即便不能以此坐实儒道同源的事实，至少可以大致推断早期的道家并不反儒。

“礼”是中国人互动的润滑剂，它无比准确地界定了每个中国人彼此之间的距离。男左女右，男尊女卑，以左为贵是一种通行的规则，它强调人人不平等，完全符合中国人的处世方式。比较奇怪的是，如果在某种特定场所将贵贱的规则来个反转，尤其令中国人受用。比如，丧事就以右为贵，跟战争相关的人事同样以右为贵。

打仗哪有不死人的？斯大林说：死人一旦上千上万，就变成了一个数字。从本质上看，战事跟办丧事一样，不一样的是对待战事的态度。成王败寇，打赢的是战事，可能输的是人心；反正死人就不是一件吉利的事情，比较稳妥的办法是以超度亡灵的方式来对待战争的结局。

尊重生命包括尊重敌人的生命。诸葛亮对孟获七擒七纵，目的不是为了消灭孟获。当局面逼得汉军需要痛下杀招大量杀死对方时，诸葛亮明白这是一件“折寿”的事情，实在不值得大肆庆祝。

这就是哀兵则胜。

道恒无名，朴虽小，而天下弗敢臣。侯王若能守之，万物将自宾。天地相合，以输甘露。民莫之令而自均焉。始制有名。名亦既有，夫亦将知止。知止所以不殆。譬道之在天下也，犹小谷之与江海也。

——《老子》第三十二章

道的能量

在一根原木面前，凳子应该闭嘴。原木的强大在于它有无数种可能性，而凳子只是用来坐的。道就像原木，看起来不起眼，但它不怒自威，在它面前你只能跪下来磕头。

少林功夫刚猛霸道，一根禅杖砸下来可以开山裂石，但目标明确，后果可控；武当功夫讲究后发制人，讲究四两拨千斤，一剑在手就有了千万个方向、千万种可能。

雨水之所以能够均匀地播洒在大地上跟人力无关，道也是这样，跟人力有关的都不是道。

谷也是道，尽管跟江海比起来，它很不起眼，因为大小与能量没有直接关系——这个问题比它表面看起来更深刻。

佛法在大与小的问题上常常无比慷慨。佛问须菩提："恒河的沙子多吗?"须菩提答："多。"佛接着说："如果一位善男子、善女人用恒河沙那样多的七宝充满三千大千世界，供养佛，这样会累积很多福德吗?"须菩提说："会累积很多福德。"佛却说："如果一位善男子、善女人接受并修持《金刚经》，为他人哪怕解释一个偈颂，他所得到的福德比那些宝藏都要大得多。"

对佛来说，你在他面前虔心供养一碗清水可能比你拿出一车黄金更能得到他的护佑。

知人者智也，自知者明也；胜人者有力也，自胜者强也；知足者富也，强行者有志也；不失其所者久也，死而不忘者寿也。

——《老子》第三十三章

人类历史上最大的发现

苦行僧就是彻底放弃财富与世俗生活的人，这样的人理应得到我们的尊敬。传统苦行僧的形象大致是这样的：赤足、半裸、脸如黑炭、满身灰尘。但这只是我们眼中的苦行僧，在苦行僧眼里则没有自己的样子，因为他们心中只有佛。

这大概就是我们在生活中没有见到过佛的原因了，因为佛可能都被我们当作“疯子”收押在精神病院了，就像不相信六道轮回的无明众生们早已经把自己某一世的父母兄弟当成鱼吃掉了一样——这的确是一件令人恐怖的事情，据说听到这件事情的五百个罗汉都吓死了。

从 29 岁开始，玄奘用了 38 年的时间，日夜不停地走向佛。临终前他告诉自己的弟子们说，他确信自己死后可以成佛。

修行佛法的最高目标就是找到“自我”，并最终明白“自我”其实是不存在的，或者说它不是按照我们理解的方式存在着的。玄奘说自己可以成佛，不是说他可以变成另外一个人，或者变成一个神通广大的怪物；他想告诉他的弟子，根据目前“自我”的存量，他一定有机会将它拆解完——没错，对于大部分人来说，证悟是一个过程！

我们可以一点点去除“我执”，昨天我们梦想拥有五千双漂亮鞋子，今天我们开始明白，其实我们并没有一万只脚来穿这些鞋子，事实上有一两双就够了（据说菲律宾前第一夫人的鞋柜里有 3000 双名牌鞋子，相信对大部分人来说这都是一个灾难，每天早晨出门前她都在地狱里）。也许将来有一天，我们终将明白：我们根本就不需要什么鞋子——就像一位真正的苦行僧那样。

是否可以这样说——我们的全部问题就在于那个变幻不定的“参照点”？一盆红烧肉曾经给我们带来无比深刻的快乐，但是今天多少猪肉摆在我们面前都不能让我们觉得快乐：猪肉变得没那么香了，更重要的是我们的“口味”变了。你身居市级政府部门的中层位置，觉得不开心，想着如果能跳到省级政府部门就好了，即便还是中层；但是县级政府部门的某位中层也在做着类似的思考，而他的理想仅仅是你那个位置。代课教师一定会羡慕正编教师，但没有一个正编教师会因为自己是正编教师而快乐。事实是，只要“参照点”存在，你就永远在烦恼中。

说“参照点”是我们的地狱，不如说对“自我”的执着才是。“四法印”是佛法的四个基本真理，没有佛教徒会去讨论它的真实性。其中“诸法无我”是核心，它揭示了人类历史上最大的一个发现：“自我”是不存在的。

如果以此为起点，把“自我”放下来的人才可能真正强大而永恒。了解别人不算什么，战胜别人也不算什么，强行者最多算是有志气，不失其所者也堪称长久，但所有这些加在一起都没有看清你自己重要。

至少在佛教的语境中，看清自己就意味着最终明白自己只是五蕴的暂时聚集而已，它终将消散。“自我”消失之后，最后的“参照点”就消失了，明、强、富、寿最终也将消失。

再往前走一步你就可以成佛。

> 道汜兮，其可左右也。成功遂事而弗名有也。万物归焉而弗为主，则恒无欲也，可名于小。万物归焉而弗为主，可名于大。是以圣人之能成大也，以其不为大也，故能成大。
>
> ——《老子》第三十四章

大道泛滥如水

老子一定知道把道比作水并不准确，但他还是坚持使用这个比喻。

对水的迷恋在一定程度上暴露了老子的故乡情结。水的灵动同样让孔子浮想联翩，比如它让孔子产生了青春不再的慨叹（“逝者如斯夫”），它让孔子联想到智者（“智者乐水”）。水在老子那里则要深奥得多。

水的特性包括无所不至、不居其功，它表面看起来最弱小，其实最强大，更重要的是，它的强大是在无意中成就的。

这样的道理同样可以用来指导我们的人生。

佛法说：无相、无念、无住。对于一个虔心向佛的人来说，除了佛，他周围的世界都消失了吗？释迦牟尼成佛以后跟别的僧人一样每日托钵乞食，他始终将自己看作僧侣中的一员——他甚至也会死。这里的“无”是心念不为外物所染污，你是你，我是我。

周围的世界依然存在，只是不再跟“我”发生任何实质联系。北宋程颢、程颐两兄弟一同赴宴，席中有歌伎，小程愤而离席，大程坦然处之。第二天小程跑到大程书房中表达不满。大程说：昨日席中有伎，我心中无伎；今日书房无伎，你心中却有伎。这很容易让我们联想到那个过河之后还一直将女人“背”在心里的小和尚。

大道如水，水可以流过高山，也可以汇入阴沟，但云蒸霞蔚，沧海桑田，水最后还是水——无色无味的透明液体。

执大象，天下往。往而不害，安平太。乐与饵，过客止。故道之出言也，曰淡兮其无味也。视之不足见也，听之不足闻也，用之不可既也。

——《老子》第三十五章

从“闯王”到“天王”

明末，天下大乱。一个名叫李自成的陕西放羊娃自称“闯王”，由他率领的上百万农民起义军一路攻城略地，并顺利进入北京，最后建立了大顺政权。接着，多尔衮率领的八旗军与吴三桂在山海关合兵大败李自成，大顺政权宣告失败，该农民政权历时仅一年有余。李自成逃至湖北通城，被村民误杀。

两百年后，另一支农民武装力量开始出现在中国的历史舞台上，它的最高领导人叫洪秀全。

洪秀全，原名洪仁坤，这个名字中表达的是一个普通中国家庭对当时通行价值的高度认同感。但是这个屡试不第的叛逆青年在一次大病之后自作主张将自己的名字改成了洪秀全。秀全，拆开就是“禾乃人王”，这个客家后生按照自己的读音，希望所有人都把“禾”读成“我”，并在将来某一天真正奉他为王。

若干年后，他创立了拜上帝会，建立了太平天国，一个乡试落榜生变成了无数人心目中的“天王”。

太平天国从建国到失败，历时 13 年，跟大秦帝国存在的时间非常接近。这也是唯一一场被记录在天安门广场人民英雄纪念碑上的农民运动。

这是两场典型的贫民运动，最终的结局都以失败告终。

李自成起义军的口号简单而实用——均田免粮，对那些下决心造反的农民来说，最大的诉求也仅仅是填饱肚子。他们迎接闯王的口号同样简单而实用——迎闯王，不纳粮。

“天王”洪秀全却是有政治主张的。尽管洪秀全从来就没有想过成为一名真正的基督徒，他甚至从来就没有听说过圣诞节和复活节。作为一名不得志的落魄秀才，他家里原先供奉的是孔子的牌位。他本人也未正式加入过基督教，没有读过《圣经》，仅有的一点关于上帝的“知识”来自一本另一位中国人写的极不专业的小册子，书名叫作《劝世良言》。洪秀全曾专程到广州学习基督教教义，但因其“信仰不纯”而未能受洗。但他在自己创立的拜上帝会中自称上帝次子，称耶稣为天兄，并以此作为领导起义队伍的法宝。

拜上帝会虽曾得益于基督教，但在许多方面与基督教大相径庭。“披金发，衣黄袍，巍然坐于最高之宝座上。”在一个真正的基督徒看来，上帝属于“灵”，眼睛是看不见的。但洪秀全向他的臣民描述的上帝却是“真实存在”的，他俨然就是基督堂里的某幅圣像。

对着无数个渴望过上好日子的农民，洪秀全告诉他们：只要跟随他，他们每一个人都会过上天堂般的好日子。那里有金碧辉煌的宫殿，还有成群的天仙一般的女人任凭他们挑选。

李自成非常直白地向他的追随者承诺了一个具体的东西，它只具体到吃饱肚子那么简单；洪秀全则觉得这肯定不够，他认识到统一思想可能更重要，所以他的造反是从创立一个宗教开始的。洪秀全的问题同样在于他的功利与无知，跟李自成不同的是，他通过宗教承诺了一个具体的东西，但这样的东西显然也是无法兑现的——当他的数十万破产的农民兄弟向他索要住房和女人时，他也到了破产的地步。

李自成设定的目标太具体，因而显得太过简单；洪秀全的目标看起来抽象多了，但它的抽象仅仅是表象，深入进去，我们发现那依然属于“乐与饵”——物质层面，说起来最容易满足，诱惑力也最大，但实行起来最不能长久。用它经营一家百年老店也许足够，治国平天下显然需要更内在的号召力。

中国历史上从未有过贫民运动最终取得成功的例子，那些贫民英雄们只知道拿一些简单实用的东西去迎合破产农民，这在一定程度上证明了夺取天下似乎还需要更重要的东西。

老子说，这个东西就是大道。试图满足耳目及口腹之欲的任何举动都是在推开那个邪恶之门，尽管从表面看起来大道一点也不光鲜，它甚至看不见、听不到、摸不着，但它可以引领世人的灵魂进入真正的天堂。

那么，洪秀全对基督教的“改造”跟当年慧能和尚对佛教的改造是一回事吗？

从本质上讲，上帝是不确定的，它是信众集体意识的投射物。换句话说，上帝是广大信众共同创造的，不同时代的信众创造了不同的上帝：从这个意义上讲，上帝一直都在改变。上帝不是来自中东吗？可我们在教堂里看见的那位分明是个纯种的白人。

但无论如何，上帝只能在“天上”，天国就在每个人的心中。洪秀全想的只是如何笼络人心——他心中只有帝王大梦。

慧能是个文盲，但他是一个真正的佛教徒。禅宗被称为农民的佛教，慧能在将佛教做简单化处理的过程中，始终没有偏离佛陀当年的教导。他只是为中国人度身选择了一种世俗化的修行方式，它简单、有效而且易行。

《维摩诘经》算是中国禅宗的主要经典之一。至少在《维摩诘经》之前，佛法讲的西方净土就是一个客观存在的地方，但是在家佛维摩诘告诉佛的弟子们说，一切形式都不重要，西方极乐世界就在我们每一个人的心中。

在慧能之前，佛法修行就是戒定慧。慧能说，定就是慧，对每一个倾心向佛的人来说，坐不坐禅根本就不是重点；对于大根器的人来说，酒肉穿肠一样成佛，见西天只在刹那。

此外，唐代中国佛教八派之一的唯识宗玄理精妙，处处充满着复杂的逻辑和概念辨析，它天生就适合玄奘这样的高级知识分子；但是，如果不是那部通俗的《西游记》，我们甚至根本不知道这个唐代的和尚是谁，更别说他的唯识宗了！

学术通常是背离大众的，反过来同样成立。因此不但我们这个时代是属于于丹的，一千多年来，慧能的禅宗就是中国佛教的代名词。玄奘是学贯中西的佛学大师，慧能只是一个地地道道的文盲，但信众不需要严密审慎的推理，他们只需要一个简单的结论。

洪秀全无比功利地把基督教改成了“邪教”，慧能将佛教改造成了真正的宗教，并让它顺利走进民间。前者许诺的是“乐与饵”，后者呈现的却是大道。

按照大乘佛教的要求，布施可以为我们累积资粮，其中通过将我们的色身布施给众生的方式可以对治“我执”。当年佛陀就曾经割肉喂鹰、舍身饲虎。我们甚至可以将我们的身体布施给爱它的女人，它的功德跟用身体喂食一只怀孕的饿虎是一样的。

寂天菩萨在《入菩萨行》中说，我们在没有证得一地菩萨之前，不能将自己的身体布施出去，但是观想布施身体也可以得到与真实布施同样的功德。

在金刚密乘的修行中，观想是非常重要的法门。简单地说，你只需在想象中将身体布施出去就已经足够了——这才是真正的“大象”，王弼说：“大象，天象之母也。”

领导我们事业的力量是什么？我们把它叫作大象。凭借这只“大象”，我们就可以避免李自成和洪秀全式的错误，也许真的可以拥有天下。

将欲翕之，必固张之；将欲弱之，必固强之；将欲去之，必固举之；将欲夺之，必固予之。是谓微明，柔弱胜强。鱼不可脱于渊，邦利器，不可以示人。

——《老子》第三十六章

疯狂是灭亡的前奏

秦王朝的速亡是因为它太过强大吗？假如这是真的，我们该做什么？努力保持自己的弱小吗？就像一场漫长而乏味的自行车慢骑比赛，我们何时才能等到庆功盛会？

反者道之动——回到原点是事物发展的普遍规律，如同我们儿时的某种游戏，在前边画一条线，更接近这条线的人获胜，但越线者被视作出局。

在佛家看来，人在出生的瞬间已经开始走向死亡，即“向死而生”。老子说：“出生入死。”死亡一直都是我们生命的一部分，而且是最深刻的部分。在此之前，我们一直在往上走，总有一天我们会进入盛年，接着便开始滑向地狱。

老子是让我们保持一种柔弱的心态，至少也要做出那种姿态。“弱—强—弱”的节拍就是宇宙间最自然的旋律。将这样的真理运用到现实人生中应该会有效吧！如果想“消灭”他，就先让他变得强大，强大的下一步就是弱小——其实是他自己消灭自己的，而你做的是“帮助”他，不过这当然无法为你累积福德。

但另一个问题是：弱—强—弱的节拍是2/4还是4/4呢？从弱到强再到弱是匀速发展的吗？当年美国就是这样取代英国而强大的吗？但是不久

前的苏联和日本似乎是这样被美国人“整下去”的。

如何让对方变弱？普通人的方式是直接削弱，老子认为只有让他自己由强变弱，他才是真的弱了，因为这样的逻辑关系才完整。对于一个十恶不赦的罪犯，我们可以选择秘密处决，也可以公开审判然后宣布他的罪状。前者简单快捷，但后者才是坚决、干净、彻底的消灭。

鱼生活在水中才正常、自然，让鱼离开水是违背自然规律的；国家的军事器械放在仓库里也是最自然的，当它拿出来的时候也就是最糟糕的时候。

这两句与前面的意思联系不明显。邦利器示人属于逞强，按照事物发展的基本规律，接下来就会被削弱——老子是这样的意思吗？

普京不止一次声明：俄罗斯将对任何可能利用大规模杀伤性武器对俄及其盟国进行攻击的敌人，首先使用核武器进行回击；同时将在敌人使用常规武器威胁到俄罗斯及其盟友“主权和国家存在时”，使用核武器进行打击。他还撂下狠话：俄罗斯是首屈一指的核武器大国，“最好别惹我们”，如果老不使用，我们造那么多核武器干吗？

普京在“逞强”吗？所有人都认为这正是俄罗斯虚弱的表现。

> 道恒无名，侯王若守之，万物将自化。化而欲作，吾将镇之以无名之朴。镇之以无名之朴，夫将不欲。不欲以静，天下将自正。
>
> ——《老子》第三十七章

道就是上帝

《圣经·新约·约翰福音》的第一章开宗明义说：太初有道，道与上帝同在，道就是上帝。

对基督徒而言，上帝的合法性是不允许讨论的。

作为殷商的属国，周武王伐纣是以下犯上，周的合法性从哪里来？对周武王来说，比这个更坏的是他知道自己开了一个坏头：他能“弑君”，别人是否也可以？

姜太公创造性地解决了这一问题。他分析说：打猎的时候我们总是担心自己的箭射得不够深，拿到猎物的时候又觉得射得太深，伤了皮肉。为了伐纣必须将群众鼓动起来，现在的问题是当初的鼓动工作效果太显著，如何消除百姓的欲望呢？姜太公的方案是——塞民于兑，将老百姓的眼耳口鼻堵塞起来。

用什么堵塞呢？姜太公提出了十多种具体措施。比如，将他们打仗用的头盔换成耕种用的草帽；让他们去做一些没用的事情，比如礼乐；以酒肉驯化他们；以笙歌燕舞娱乐他们；用鬼神吓唬他们；用垃圾填充他们的大脑；让厚葬埋穷他们；让他们为丧三年，没有时间生孩子……

这是《淮南子·道应训》中对武王伐纣的演绎，老子主张用无名之朴对付欲望，即以“道”来镇压，淮南子消除百姓欲望的“道”却接近于下三烂。

淮南子刘安，汉高祖刘邦的孙子，豆腐的公认发明者；跟这个身份一样著名的是他的好学，《淮南子》便是他主持编撰的。刘安崇尚老子的无为之道，他轻徭薄赋，善用民力，使淮南国呈现一片升平景象。但他的老子之学与当时汉武帝的独尊儒术背道而驰，这才是他最终丧身失国的根本原因。从这个意义上讲，他还是太有为了。

一潭死水肯定不利于发展，太有活力又不好辖制，如何拿捏很显功力。老子的方案最简单——镇之以无名之朴，差不多等于什么都不做。

这很容易让人联想到鳄鱼池。一池的鳄鱼静静地待着，某一条觉得自己待得不舒服，翻了个身，于是整个池子天翻地覆了，但最终池子还是会平静下来的，这是一种新的平衡。不管那条挑事的鳄鱼多占了多少地方，整个池子是不会变大的，而且整个池子不可能永远天翻地覆，这就是无为之道。

在非洲大草原上狮子永远是最强的，但我们不用担心狮子会通吃。狮子、猎豹、鬣狗、大象、水牛、羚羊，还有数不清的生命世世代代生活在那里，它们生生不息并相依为命，这才是天地间的大道理。

《道经》部分到此为止。道经、德经的划分草率而混乱，但是如果连这个都纠结的话，《老子》就真没法读了。

孔子“创造”了一个具体而神秘的“天”，它似乎掌控着世间的一切，但我们并不十分关心它到底是什么。

老子的“道”就具体多了，它既是宇宙的本体，又是老子处世哲学的概括。凭借这些“无用”的智慧，这位面庞模糊的高贵智者早已成为世界人民的心灵导师。

佛教、印度教都有“梵”的概念，但梵其实是超越概念的，它无法通过逻辑推理获得，只能在瑜伽中体验。

也许是受佛家影响，宋明儒学产生了“理”的概念，以及此后与之分庭抗礼的心学。王阳明龙场开悟是中国人心灵进化史上的大事件，我们一直在好奇他到底悟到了什么？罗洪先是王阳明的学生，他曾经描述过在某种“冥想”状态下的体验：极静之时，但觉此心本体如长空云气，大海鱼龙，天地古今，打成一片。冥想在科学仪器的监测中，可能显示以下情况：大脑某些区域停止了工作（主要是左半脑），“我”与外界之界限消失了。

如果把云气和鱼龙置换为魔罗的女儿与箭矢的话，这分明就是佛陀当年觉悟前夕的景象嘛。

我们不知道王阳明最终有没有成佛，但我们知道老子连同那头青牛离开函谷关后一路西行来到了印度，他开始向印度人民传播道家哲学。其实早在《老子化胡经》之前，人们就已经相信老子跟伟大的佛陀根本就是一个人。

另外，印度一直都是牛的天堂，牛在印度享受着神灵般的尊崇。它们知道应该感恩老子胯下那头青牛吗？

上德不德，是以有德；下德不失德，是以无德。上德无为而无以为也。上仁为之而无以为也，上义为之而有以为也，上礼为之而莫之应也，则攘臂而扔之。故失道而后德，失德而后仁，失仁而后义，失义而后礼。夫礼者，忠信之薄也，而乱之首也。前识者，道之华也，而愚之首也。是以大丈夫居其厚而不居其薄，居其实而不居其华。故去彼取此。

——《老子》第三十八章

我们的末法时代

《道经》原理讲完了，《德经》进入实操。

《道经》与《德经》的关系也许还包含另一层面的意义：理想破灭了，回归现实吧！

在老子心目中，天地之间原本是道的世界，但因其太过理想化、操作难度太大，我们最好还是面对现实，回归到德。若德都守不住，只能退回到仁，再退就是义了，如果需要退到礼，便天下大乱了。

道的世界应该很美好吧？就像一个现代国家最牛的是它的创新能力，但道却是“基础数学”。数学本身既不能让飞船上天，也不能让原子弹爆炸，甚至计算一块稻田面积都不是它的本分。从这个意义上讲，道是无用的。莫言说：正是“无用”成就了文学的伟大！真正伟大的国家也离不开“无用”的数学。

《礼运大同篇》中详细阐述了儒家的社会理想。在那个无限美好的世界里，天下太平，没有战争，大家和睦相处，丰衣足食，人人安居乐业。孔子称之为大同世界。

这样的事情真的发生过吗？天下为公、选贤与能，至少是三代以前的事。尧舜时期禅让天下，说是世界和平应该大体符合事实，但离丰衣足食应该还有很远距离。一个让它的子民食不果腹、衣不蔽体的社会一定是不人道的，一个不人道的社会一定不能称之为理想社会。

再往前推大概就是传说中的原始社会了。大同也许就是理想化了的原始社会，或者是人类将来有可能达到的终极理想状态。古人清高，如果撇开衣食住行，原始社会还是比较符合大道的。

大道之行也……小邦寡民、结绳记事，邻邦相望、鸡狗声闻，民至老死不相往来。这无疑是符合老子理想的。

人类社会发展过程中有一种内在的力量推动社会不断前行。从逻辑上看，一开始一定是理想社会——这是由生产力决定的。当吃饱穿暖就是全社会的最高理想时，一切都变得简单了。然后，财富越来越多，人心越来越复杂，每个人都想得到更多。大道终于行不通了，接下来就应该是"德"的天下了。

《礼运大同篇》对小康世界也有描述。在那个"最不坏"的社会中，"天下"成了某一家的私产，每个人都为自己的利益考虑，战乱因此无法避免；但一切还不算不可收拾，至少"礼仪"还是被大部分人所遵守的。夏禹、商汤、周文王、周武王、周成王、周公便是这个时代的英雄。

"大同世界"早已飘散在历史的烟云中，孔子遗憾的是自己连"小康社会"都没有机会亲自参与，小康社会从此便成了孔子乃至儒家追逐的目标。

失道而后德，但孔子所处的时代显然达不到"小康"，因此"仁"一直都是孔子最核心的现实追求——失德而后仁。孔子之后的孟子重义——失仁而后义。尔后，社会继续堕落，荀子讲的是礼——失义而后礼。

礼之后呢？

孔子以君子自称，孟子道性善，荀子称性恶。荀子的两大入室弟子是韩非和李斯，他们都是著名的法家人物：前者是理论专家，后者亲自动手用法家思想装备了一个大秦帝国。

本真的孩童天地是最接近动物世界的，动物世界就是法家社会，孔子坚持认为“鸟兽不可与同群”。祸乱天下的究竟是这个法家样本还是法家思想的祖师爷？

德基本上凭自觉，仁要加上劝导，义主要是劝诫，礼已经是底线了。如果大多数人都不讲“礼”了，能讲的就只剩“法”了。失礼而后法——绝望的老子并没有将前面的逻辑关系继续推演下去，对社会发展的阶段性判断在一定程度上暴露了他们各自的身份。“失义而后礼”，这大致也是从孟子到荀子的演进历程。那么，我们是否可以由此断定老子晚于孔子呢？

社会发展的不同阶段与社会道德水平的高低属于反相关吗？或者说，社会发展必然以道德沦丧为代价吗？

庄子对仁义礼智的理解则要纯粹得多，《庚桑楚》中说“至礼不仁”“至仁不亲”。他还举例说，你在街上踩了别人的脚要赶紧道歉，但如果是自家孩子，按照中国人的方式就算了。庄子最讨厌儒家把什么都说出来，处处透着虚假与刻意。《天地》说，最高境界应该是行为端正不知义，相亲相爱不知仁。

当今世界，建设法制社会似乎是全人类的共同理想。这属于人类社会发展的哪个阶段？

我们真的应该庆幸自己没有生活在一万年之后。一万年之后，可能连“法”也不存在了。

在佛教世界中，“法”说的当然是佛法。一万年之后，这个世界上将不再有人相信佛法，没有人读佛经，更没有人修持佛法，跟佛经佛法有关的痕迹会彻底消失，这就是“灭法时期”。至此，人心向恶，道德沦丧，一言不合，路边拔根草叶子都可以当利刃，杀死对方。

这样的悲惨世界会一直持续到弥勒佛降临，弥勒佛降临大约是五十六亿七千万年之后的事情——世界末日与弥勒佛同时降临。在此之前，每一个人都是非洲大草原上待宰的羔羊。

根据佛教传统，释迦牟尼佛的法运是一万二千年。从佛诞生算起有一千年（或说五百年）的正法时期，然后是一千年的像法时期，接着就是一万年的末法时期，此后就是数十亿年的灭法时期了。

正法时期，大家像佛一样修行。佛在舍卫国说法，众生仿佛都能听见佛的声音。佛说：像佛一样修行的众生便是佛了。

后来，佛离开了我们。人们开始无法忍受没有固定房舍的艰苦生活，越来越多的修行者不愿在大树下过夜，寺院出现了。佛法也开始屈尊讨好世人。这就是像法时期，勉强保留着佛法的样子。

世事继续下行，一般修行人开始对佛法模棱两可，信心也不够坚定，再经过诸多邪师的蛊惑，佛法愈加走样，因此越修越不出成果。这便是末法时期。

公元元年前后佛法开始传入中土，这个时候正法已灭（按五百年算），像法已经开始了。宋是像法与末法的分水岭，我们察看禅宗发展史，唐宋以前有成就的高僧大德还不少，元明以后就成凤毛麟角了。

末法时代的我们还有出路吗？

汉传佛教至少有八宗，其中禅宗和净土宗对中国人影响最深。

当北宗禅还在按部就班地讲戒定慧时，南方慧能的顿悟法门已经在教导世人：明心见性，立地成佛。北禅渐悟讲求的是省吃俭用、零存整取，终于在某一天存够了500万元；顿悟是花了2元买了一张彩票，刮开一看中了500万元。

西方极乐世界的殊胜之处，佛经中多有描述。《大阿弥陀经》中的日常饮食篇说：各种名贵器皿随便选，各种美味随便挑，再多也不会剩，再少也不会不够，吃完即消化完，肚里还不留残渣，再想吃时所有的美味又来到了眼前，而且还能吃得下……常令生活在五浊恶世的众生生起向往之情。通向西方极乐世界的大道在哪里？只要念佛便可成佛——净土宗基本就是末法时代我们的特别福利。我们即使只做一点点跟佛法有关的事情就可以得到比别的时代多得多的福报——听起来真是一个不错的消息。

峰回路转，一切似乎变得简单了。

再好的德跟道也比不了，就好像说过去地主的生活再好也没法跟今天的老百姓相比。道在天上，我们却属于人间。

但德还是能分出好坏的，老子称之为上德、下德。上德属于无心之柳，心里无为，手上也无为，但结果正好就是你想要的。下德的“下”主要表现为对结果的执着。

“上德不德”“上德无为”都是说不执着。禅宗神会和尚说：普通修行者听人说菩提，心里马上就有了一个菩提的相，其他诸如涅槃、空、净、定……此皆是妄心，是自我束缚。

烦恼即菩提。不执着，便是无为。道德仁义礼，总的趋势是越来越有为。到了最后，为维护“礼”的尊严，可以“攘臂而扔之”，真正的斯文扫地，愚不可及。

昔之得一者，天得一以清，地得一以宁，神得一以灵，谷得一以盈，侯王得一而以为天下正。其致之也，谓天毋以清将恐裂，谓地毋以宁将恐废，谓神毋已灵将恐歇，谓谷毋已盈将恐竭，谓侯王毋以贵以高将恐蹶。故必贵而以贱为本，必高矣而以下为基。夫是以侯王自谓孤、寡、不谷。此其贱之本欤？非也。故致数誉无誉。是故不欲禄禄若玉，硌硌若石。

——《老子》第三十九章

卑微而平静地活着

因为得道而显得高贵，但高贵者应以低贱为本。

对于王侯来说，高贵是与生俱来的，但只剩了高贵生活未免显得单调，也不符合逻辑。老子说至少要在口头上作践一下自己，“孤”“寡人”什么的，至少对求得某种平衡有帮助。

数誉无誉，如果生活中得到的全部是赞誉，这样的赞誉还有什么意义呢？美玉固然光鲜，但也容易招人嫉恨，不如让自己像一块顽石一样地活着。

《麦田里的守望者》说：一个不成熟的男人为了某种崇高的事业英勇地献身，一个成熟的男人为了某种高尚的事业而卑贱地活着。成熟还是不成熟？最后大家都选择了活着。

高贵还是卑贱？老子选卑贱。

北岛说：“卑鄙是卑鄙者的通行证，高尚是高尚者的墓志铭。”我们最终目的是高贵，但这种高贵大部分时候只能通过卑鄙的手段获得。

卑鄙还是高贵说到底只是我们的道德判断，而超越道德的方式则有赖于我们的觉察力的培养。自我觉察力是一个人对自己情绪全面、深入的了解与把握，比如，你很生气，如果你不知道你在生气，证明你正在受到伤害；如果你能够觉察到自己在生气，也许你就不会真的生气了——这就是自我觉察力。就像一个坐在电影院里的观影者，他可以以欣赏的眼光观看面前发生的一切，或者成为一个知道自己在做梦并能将梦进行到底的人。

自我觉察力可能让我们变得无比强大，甚至当死亡来临时，我们都有能力看着它，然后跟它打个招呼。

多数情况下，觉察力就是当别人批判或赞美你的时候，你都不再焦虑。换句话说，你不再指望获得别人的赞美，也不惧怕被批判。

“禄禄若玉”还是“硌硌若石”？是高贵的美玉还是低贱的顽石？对贾宝玉来说，这个问题并不复杂。说什么金玉良缘，贾宝玉的心里只有木石前盟。

贾宝玉的痴迷显然要追溯到他的前生——那一块动了凡心的顽石。沧海桑田，世事如烟，但概括起来不过是美中不足、好事多磨、乐极生悲这几种情况而已。道理简单，却不容易讲得明白，最方便的办法是变幻形象，现身说法。该享受的也享受了，不能承受的也承受了。经由林妹妹的亲自度化，觉悟了的宝二爷选择出家归本。

林黛玉原来是贾宝玉的佛菩萨啊！

佛菩萨为了度众生，常常随缘变化出不同的形象。一片飘落的树叶砸在你的头上，让你恍悟生死相续、生命无常，这片树叶便是佛的化身。

上士闻道，勤能行之。中士闻道，若存若亡。下士闻道，大笑之。弗笑，不足以为道。是以建言有之曰：明道如昧，进道如退，夷道如类。上德如谷，大白如辱，广德如不足，建德如偷，质真如渝。大方无隅，大器晚成，大音希声，大象无形，道褒无名。夫唯道，善始且善成。

——《老子》第四十章

在傻子眼中，道也是傻的

我们该如何向从未见过盐的人解释什么是盐呢？我们可以拿一点糖放在他嘴里，然后告诉他说：这不是盐。

所有的佛法都是这块“糖”。真的佛法永远都在告诉你——什么不是佛法。这有点像排除法，但其实我们不需要将所有的错误答案排除，根据每个人根器的大小，大部分人迟早都会有自己的结论。但是如何向一个从来没有见过红色的人描述什么是红色呢？我们可以把他的手放在火边，然后告诉他：火的颜色就是红色的。他得到的经验可能是：哦，原来红色是烫手的！

对于断绝善根的一阐提来说，佛法可能更像这个“红色”。“道”在“下士”眼中就是先天盲人眼中的红色——有时候我们真的无法说出真相！

在民间，广大信众习惯性地为自己塑造了一个神通广大的神——佛祖，在世俗化的佛教世界里，佛就是一个可以在天空中自由穿行、能够变化出各种形象的神仙。在中国的民间，升斗小民们甚至给予四大菩萨比佛更高的地位。菩萨们每人占据一座名山作为道场，因为他们似乎更能满足生活失意者的现实诉求。其中观世音菩萨座前的香火最为旺盛，跪在菩萨面前的每一位苦主都深信这位法力无边的神会以一种他们无法理解的方式“送”给自己一个儿子。

我们惊奇地发现那些深知真相的僧侣们似乎也默认甚至参与了这场“骗局”——他们身体出了家，但心里难免还保留着世俗的打算。

有禅师这样解释佛法：你被刺到了，你会找另一根刺把这根刺挑出来，然后两根刺就都没用了。如果说第一根刺是你的烦恼，第二根刺就是佛法。

真相究竟是什么？历代大德反复告诫我们说：佛祖是人不是神。铅华洗尽，蓦然回首，佛原来只是邻家老爷爷一般的人。所有不平凡的东西看起来也都是十分普通的，就像所有令我们烦恼的东西表面上看起来都是快乐的，而迷惑我们的正是事物的表面。爱情看上去一定是美好的，但是如果能够量化的话，它带给你的烦恼一定更多。我们无法找到只有正面的硬币，觉悟之前，当我们打开天堂的大门时，会发现里面也写着“地狱”两个大字。佛法说“色即是空”，再精美的菜谱都不是美味本身，而我们需要的是美味而非关于美味的写真。

色还是空？财主和他的长工在他们各自年老之后坐在一起聊天，地主说我白天操心劳神，晚上做梦还总是变成奴仆，吃糠咽菜，挨打受罚。长工说，我白天干活辛苦，但晚上从来只做一个梦，在梦中我就是皇帝，山珍海味，妻妾成群。人生百年，白天有五十年，晚上也有五十年，我等于做了半辈子皇帝！

这个记载在《列子》中的故事意味深长。究竟哪个是真哪个是假，实在较不得真儿呀！

反也者，道之动也。弱也者，道之用也。天下之物生于有，有生于无。

——《老子》第四十一章

空口袋中不可能飞出小鸟

有生于无，无又从哪里来？

老子说：无是世界的源头。无就是道，而道是不允许讨论的。

至少在表面上看起来，佛家“空”的概念跟“无”很像，但一只空的口袋中是不可能飞出小鸟的，除非我们是在欣赏一场魔术表演。佛说：空就是世界本身。

空性是无法讨论的，唯一确定的是佛也无法告诉我们什么是空性，但我们这样说还是在讨论“空性”。蜻蜓点水是蜻蜓往水中产卵，经过孵化，水中的卵变成了幼虫，某一天幼虫爬出了水面，脱掉外壳变成一只真正的蜻蜓，但这只蜻蜓是无法再次回到水中的。所以蜻蜓永远都无法知道在水中生活的情景，幼虫也无法得知在天空中飞翔的感受。就像我们无法向一个天生的盲人描述什么是红色一样，我们告诉他：红色就像火。他获得的认知很可能是：红色原来是烫手的！

空性不属于我们众生的这个时空。如果说空性是冰，我们可能就是夏天才有的一只小虫子。

关于空性，无论我们描述得多么精准都没有意义，它都属于“知”，唯一重要的却是“行”。《维摩诘经》说，文殊师利代表佛去看望维摩诘，八千菩萨、五百声闻、百千天人皆欲随从。维摩诘的房间有多大呢？一丈见方，即10平方米左右，怎样装得下这么多人？所以维摩诘特意将房间收拾了一下，把平时不用的东西搬了出去。

我们可能很难理解这么多人是怎样挤进维摩诘房间的，这就像我们无法真正理解“空性”一样。

反——回到起点，这就是世界的秘密；“弱”是回的方式，润物细无声，这也是世界的秘密。

你所见到的一切其实都不存在，或者说它们并非按照你理解的方式存在，这才是世界最大的秘密。了解这一秘密的价值不在于炫耀，因为它不是一门学问，它主要告诉我们该如何看待自己以及这个世界。

我们不能确定它是不是唯一的真理，但对大部分人而言它已足够。

道生一，一生二，二生三，三生万物。万物负阴而抱阳，冲气以为和。天下之所恶，唯孤、寡、不穀，而王公以自名也。物或损之而益，益之而损。故人之所教，亦我而教人。故强梁者不得其死，我将以为学父。

——《老子》第四十二章

中华第一图

那个半白半黑的阴阳鱼太极图就是中华第一图。

应该把它看成一个立体、动态的形象，一阴一阳，如漩涡一样相互作用。可以理解为两条鱼，它们相互媾和，此消彼长，并成为世界的原始动力与永动力。

手有手心和手背，人有坚硬的后背和柔软的腹部，世界有男人和女人；天地日月、山川河流、风霜雨雪、阴晴圆缺……所有这些加在一起，共同构成了这个世界。万物负阴而抱阳，阴阳相生相克，生生不息。这就是中华第一图所表达的“普世价值”。

从“道”到“万物”，中间经过了一个无比繁复的过程，从少到多、从小到大、从简单到复杂符合事物发展的基本规律；但是今天的复杂相对于明天的“更复杂”，依然属于简单。佛法同样承认变化，这正是合和理论的基础，将任何物体分解到最小的粒子后，所有的区别终将消失，最后连物体本身也会消失。

或损或益，或强或弱，没有什么是一定的。一棵树如果只剩下僵硬的部分，那一定是棵死树。

此段末句在通行本中作“我将以为教父”。

《教父》的结尾部分是“教父”跟手持玩具枪的孙子玩枪战游戏。转过一丛花木，孙子假装朝爷爷开枪，“教父”中枪倒地，一生英雄的教父“倒”在了孙子的玩具枪下，再也没能醒来。曾有记者问奥巴马最喜欢的电影，奥巴马答：《教父》！记者问：第二喜欢的呢？答：《教父2》！

《教父3》甚至能让奥巴马当选第三任总统！事实上，新一代教父已经开始玩金融和政治了。教父说：金融就是我们的手枪，政治告诉我们什么时候开枪！我们从这部有史以来最经典的黑帮片中悟出的最重要的道理是：强梁者不得其死。

孔子同样反对逞强，这让他成功地预测了孟浪子路的横死，不过孔子信守的是中庸。佛也告诉他的信众，要远离两边，至于中道。老子似乎退得更远，他直接选择示弱。

成功的新加坡后面却有一位强势的掌权者。李光耀说：如果人们不害怕我，我的存在还有什么意义？

天下之至柔，驰骋于天下之至坚。无有入于无间。吾是以知无为之有益也。不言之教，无为之益，天下希能及之矣。

——《老子》第四十三章

天地之道，无为而备

水切割正在成为现代工业切割的主流方式。当水流被加压至 3 倍音速时，它可以轻松地切割木制品、纸张、皮革。这就是“天下之至柔，驰骋于天下之至坚”。

但是在水流中添加了石榴石砂后就可以切割你能见到的任何硬质材料，比如钢铁、玻璃、大理石、混凝土。专业人士说：说是水切割，主要是砂在起作用。

水是天下之至柔，石榴石砂却被称作天然金刚砂，是我们能在大自然里找到的硬度最大的材料之一。

水滴石穿的生活现象常常被我们拿来励志，但该故事的重点是持久而不是水，一个显而易见的事实是如果把水换成砂，石头早就穿了。按照这样的逻辑推演下去，得出的结论就应该是：有为更有益。

用水说事，道理没讲错，但例子用得不对。

水的优势在于其无形，因为无形，就具备了所有形状。

“无为”常常被视作圣人大治的标志，但有时候情况还是很复杂的。我们还是拿鳄鱼池来说吧！假如某条鳄鱼天生就喜欢翻身，隔三岔五就翻个身，整个鳄鱼池恐怕很难“大治”。庄子在《徐无鬼》中借一个牧马少年提出了解决方案。黄帝迷路了，一位牧马少年为他指路，并顺便教黄帝治理天下。少年说：治理天下跟牧马是一个道理，“去其害马者而已矣”。

“去其害马”的效果大体等同于给我们的操作系统杀毒，它不是为某个应用软件升级；与此类似的是，现代政府体现经济管理职能的手法是惩戒违规者而非直接参与竞争，这就是裁判员与运动员的区别。

这里隐含的真理还包括：那些害群之马本质上是无法被改变的。

有为和无为本身都不是重点，心里不执着才是。

名与身孰亲？身与货孰多？得与亡孰病？甚爱必大费，多藏必厚亡。故知足不辱，知止不殆，可以长久。

——《老子》第四十四章

如何看待我们的色身

小时候抱在怀里亲不够的小肉肉，长大后变成了杀人放火的恶棍，如果他的父母有一些佛性的话，他也许会因此而彻悟：我们无比执着的那个色身其实并不存在啊！

我们很难在“小肉肉”跟“恶棍”之间建立联系，当事人自己可能也会有“我变得连自己都认不出来”的感慨。但大部分人依然只爱自己，比如我们会固执地认为自己的名字就是最优美的词组。

佛家说诸法无我，但这个色身明明存在。冷了需要为它添加衣物，饿了要为它喂食，它会生病——它由四大基本物质构成，天生具备 404 种缺陷，因此会有 404 种病症。“它”生病躺倒在床上，你受它拖累几乎什么也做不了；它需要睡觉，而你其实不需要，所以你会在它睡觉时继续活动，这便是我们的梦境。

色身出家了，心还留在高老庄，名闻利养依然是他们修行的障碍。

佛家讲五蕴，说我们的身体只是一个变化中的聚合体，就像所有物体都没有自性一样，“无我”是说没有一个恒定的我。这样的论证过程仅仅是满足了其论证本身的完整性，但可以自圆其说是一回事，说服我们是另一回事。

五蕴皆空的真实含义可能只是不要放在心上。你可以试着跳出来，站开一点，然后回过头看着你的身体：尽管它跟你很亲密，但它不是你，就像那些烦恼也不是你一样。

证悟五蕴皆空的其中一个好处是将来死神能够追踪到的只是地水火风四大物质，你需要做的就是微笑着跟死神打个招呼。

这样想的时候你就是一个觉悟者。

那位因一封辞职信而走红的郑州教师顾少强大概就是一位觉悟者。我们会揣测她去看世界的真实动机，我们还会很猥琐地猜想她钱包里究竟有多少钞票，我们唯一不知道的是改变对世界的看法其实跟金钱没有任何关系。

踏上旅途不是自由的全部含义，办公室的隔间也未必就是囚禁梦想的唯一牢笼。对顾老师来说，去不去看世界是她跟神之间的事情。

在老子看来，跟名利比起来，我们的身体要重要得多。减少自己的欲望才是真正的养生之道。

在对待身体的态度上，佛家更冷静。即便成佛以后，这个身体一样要吃饭，会生病，会死；觉悟并不意味着拥有一切，而是你对是否拥有什么不再在意。我们修正佛法是为了获得一种觉察力，它保证我们知晓这一切，佛陀是永久获得这种能力的人——如此而已。

大成若缺，其用不敝。大盈若盅，其用不穷。大直如诎（屈），大巧如拙，大赢如绌。躁胜寒，静胜热。清静可以为天下正。

——《老子》第四十五章

一场与佛的辩论

辩题：做男生好还是做女生好？佛肯定不会主动选边站队的，我就先说做男生的好处吧……说实话对这个小学生话题我跟佛一样不感兴趣，我不感兴趣是因为我觉得男生跟女生一样好，或者说他们一样惹人讨厌。

佛也不感兴趣吗？问题的关键在于佛可能分不清谁是男生谁是女生，他甚至弄不清人和物之间的区别。

于是佛选择了沉默——大辩若讷，佛比我们所有人知道的都多，但他什么也没说。

在通行本中有“大辩若讷”。这很容易让我们想到孔子“天何言哉”的慨叹：四时轮换如常，万物生生不息，天需要说话吗？我们喋喋不休仅仅是因为我们知道的还不够多。

铁轨几乎就是我们肉眼在生活中能见到的最直的东西，但我们无法忽略的是两条又长又直的铁轨最后在远处“相交”了。类似的例子老子又列举了很多：最完整的东西，看起来往往是不完整的；最充盈的也是我们以为不存在的——我们的周围充满了我们赖以为生的空气，但我们从来都没有意识到。当今世界最聪明的脑袋应该属于一个叫霍金的英国人，但他看起来什么也做不了。

这些只是表面现象，表面从来都不是全部。

《列子》说，九方皋是一位真正的伯乐。秦穆公派他去相马，他告诉秦穆公说找到了一匹千里马，是一匹黄色的母马，带回来一看却是一匹黑色的公马。后经验视，的确是一匹千里马。

对九方皋来说，黄色还是黑色都一样，公马还是母马也没有区别。但我们的眼光多半停留在毛色和公母上，表面的光鲜与热闹阻断了我们的视线。

《吕氏春秋》里记载了一则楚王失弓的故事，楚王去云梦泽打猎，不小心把自己心爱的弓弄丢了，侍从们要循原路寻找，楚王说：算了吧！不必去找了，楚人失之，楚人得之。

孔子听闻此事后，说：去掉“楚”字就好了，“人失之，人得之。”

这句话到了老子那里则变成了“失之，得之。”

老子是担心我们被事物的表面所迷惑吗？

《心经》说：色不异空，空不异色，色即是空，空即是色。法非法，非法非非法，它排除了一切例外情况，目的是让我们直抵世界的本质。

佛的意思是不要执着。不执着即是不在意，对佛来说，那只弓失与得也没有区别！就像一个以豆浆油条为日常口味的人面对一客七成熟和一客八成熟的牛排一样。

相信自然大化，相信事物内在的逻辑关系。大猩猩与人的基因相同部分多达99%以上，但我们不用担心某只大猩猩会跟我们一样思考生命的意义，并在某一天变成“不渴而饮、四季交配的生物”。

天下有道，却走马以粪；天下无道，戎马生于郊。罪莫大于可欲，祸莫大于不知足，咎莫憯于欲得。故知足之足，恒足矣。

——《老子》第四十六章

一匹名叫“萌萌”的战马

说老子反战不如说老子是反对贪欲，贪欲才是天下争端的祸根。

诸葛亮跟周瑜在商议战事，有人报：不好了，夫人请你马上过去！原来是一匹战马难产，幸亏诸葛亮连马事也“略懂”。小马驹诞生了，梁朝伟说：它出生在荆楚之地，那就叫它萌萌吧！

林志玲娇滴滴地说：答应我一件事，长大以后不要让它成为战马。

《赤壁》下部有交代“萌萌”的命运吗？风一样飘过旷野的马群中有“萌萌”的身影吗？当时在电影院里听到林志玲柔媚蚀骨的声音，一半人醉了，一半人疯了。此后大家的兴趣主要集中在了“荆楚”与“萌萌”之间的连接点上。

《三国演义》对战争本身不持立场，它阐述的价值观是——分久必合，合久必分。分分合合的呈现方式就是战争，《三国演义》的重点在于某场战争是如何打赢的，另外一场为什么会输。

林志玲却把自己当成了爱心大使，即便是一匹刚刚出生的小马驹也能让这位台湾第一美女爱心泛滥。“萌萌”——这大概是她家那只萨摩耶的名字吧？

战争仅仅是释放欲望的一种方式，这是一场永远没有大结局的游戏。战争的本质都是反人类的，就细节而言，战胜跟战败没有区别。

知足才是真正的足，就像所有的花都比不上“有钱花”，而这样的

“花”地狱里遍地都是。所有与欢乐相连接的都是失落，狂欢接下来的就是幻灭感。人散酒醒后，会觉得人生其实一点意思都没有。

路遥说：“人生充满了苦难，在与其不断的搏击中，人才会活得充实一些，才能获得幸福感。”

路遥这里将“充实感”误作了“幸福感”，而真正的幸福感是没有任何感觉——这就是佛对世界的感受。

不出于户，以知天下。不窥于牖，以知天道。其出也弥远，其知弥少。是以圣人不行而知，不见而名，弗为而成。

——《老子》第四十七章

菩提树下

借助于一棵毕钵罗树的树荫、一块青石板和一把吉祥草，悉达多王子成了释迦牟尼佛；对佛来说，这块青石板就是一个比全世界还大的天地。

密勒日巴是一位著名的瑜伽修行者，这位深受藏人崇敬的上师一生的大部分时光是在一个不见天日的山洞中度过的。为了静修禅思，他每天以荨麻煮汤维生，据说他的皮肤也慢慢变成了浅绿色。密勒日巴去世后，在他遗体火化现场人们亲眼看见数不清的天女从天而降，又携他的舍利飞天而去……

这样的场景留给我们的是无限的想象，一个普通的修行者、一个寻常的山洞，再加上一点荨麻……这让我们觉得自己的未来充满了希望。它至少启示我们：周游天下有可能得道，固守一个山洞也可以。老子坚持“闭门”可以“造车”，中国人能想象的最高境界是运筹帷幄之中而决胜千里之外。

世界很大，但我们的脚步永远都不够快。即便已经踏上旅程，也可能像是在赶夜路。天黑路滑，越走心越乱。就算早已路过天涯海角，其实双脚并没有离开你当初出发的地方。

第欧根尼的世界甚至只是一个旧木桶。第欧根尼主张每个人都应该像一条狗一样活着，因为我们除了一点简单的食物之外其实并不需要其他东西。他鄙视一切社会规范，认为人应该完全按照自然的方式生活；他与这个世界的唯一联系就是那只破旧的木桶，他每天就生活在桶中。有一天亚历山大大帝来到第欧根尼面前，对他说：“你可以向我提出任何要求。”第欧根尼说："请你站到一边去，你挡住了我的阳光。"

若干年后，亚历山大说："如果我不是亚历山大，我情愿自己是第欧根尼。"

我们今天记住第欧根尼多半是因为他在亚历山大大帝面前的"豪言壮语"，但他同时也是犬儒学派的代表人物，古希腊著名的哲学家。

一只破旧的木桶约等于一位哲学家的精神世界。

门户之外，光怪陆离，惑人心神。如果我们需要真正的哲学思考，其实一只木桶就够了。

电影《海上钢琴师》讲的是一位在船上出生并在船上长大的弃婴的故事。他是一位天才钢琴师，他的名字叫1900，这也是他出生的年份。

对1900来说，那艘船就是全世界。当这艘船即将被炸毁的时候，他很自然地选择了留在船上。他说：阻止我脚步的，并不是我所看见的东西，而是我无法看见的那些东西。他无法容忍一个无限蔓延的城市，一座什么都有，唯独没有尽头的城市。一部钢琴只有88个键，它们是有限的，但我们可以创造出无限的音乐。现在给你一架有百万琴键的钢琴，在那架琴上就没有你能弹奏的音乐了——你坐错了地方，那是上帝的钢琴。

需要做出无数选择的世界是最沉重的，它会压垮我们，并最终让我们崩溃。那艘船才是1900的世界，整个世界跟他并肩而行，它一次只携带两千人。那里也有欲望，但不会虚妄到超出船头和船尾。

"陆地？对我来说陆地是一艘太大的船，一个太漂亮的女人，一段太长的旅行，一瓶太刺鼻的香水，一种我不会创作的音乐。"1900最后警告我们说。

我们每个人都需要守住自己的"船"，那是我们唯一的希望！停下脚步，收回目光，转过身来，面向自己的内心，寻找我们原本就有的佛性。

停不下来才是我们最大的问题。远方总是充满着诱惑，陌生感让我们欲罢不能。

从被逐出伊甸园开始，我们已经很久没有在神的国度里漫步了。我们以为自己走出了很远，也懂得了很多，但我们没有意识到自己正在与伊甸园渐行渐远。

为学者日益，闻道者日损，损之又损，以至于无为。无为而无不为。取天下也，恒无事；及其有事也，不足以取天下。

——《老子》第四十八章

我们最后能带走的唯有佛法

所有的生命终将消失，从本质上讲，生命是没有意义的，除非我们赋予它意义。

在此之前，知识与技能的学习常常会给我们一个错觉，仿佛我们每个人都可以长生不老。因为我们很容易就明白这样一个事实：知识是没有穷尽的。但生命是有限的，如果我们去做简单的匹配，会加剧生命的不实感。庄子说“以有涯随无涯”只会让我们陷入无比凶险的境况。

假如把我们已经学会的部分放在一个圆圈内，随着这一部分的增加，圆圈也会变得更大，它意味着我们未知的部分也就越多——通常来说，这不会增加我们的幸福指数。

我们还可以转换路径，面向自己的内心，努力将人生本身的道理想想清楚，至少我们可以相信，这样的道理原本就不多。我们扰攘了2500年之后，蓦然回首却发现，关于世界的本质老子已经在思考了，而且他似乎已经有了答案。

事情可能要从尧舜算起，从那时开始，社会人心越来越坏，失道而后德，失德而后仁，最后只剩下一堆规矩和条条框框。社会越来越复杂，我们的目光也越来越警觉。

解决之道就是——损之又损，往回走。朴散为器，一旦成为一个器具灵魂就消散了，当然我们还可以变回去，让自己成为一根以不变应万变的纯朴的木头。

知识越学越多，但大道理原本并不多。当我们心灵与面庞的皱纹同时变深之后，某一日黄昏面对金色的残阳我们可能猛然意识到，我们真正需要知道的道理只是简单的一句话，而且十分浅显；比这更重要的是，这句浅显的话，我们原来也知道，只是不相信，现在终于信了。

孔子读《易》至“损”“益”二卦，常慨然叹曰：“益损者，其王者之事与!”王者之事，损即益，益即损，损之又损，无为可以王天下。

天下也只是一个空相，俗世之中，我们唯一可以带上路的就是佛法。

圣人恒无心，以百姓之心为心。善者善之，不善者亦善之，得善也。信者信之，不信者亦信之，德信也。圣人之在天下，歙歙焉，为天下浑心。百姓皆属耳目焉，圣人皆孩之。

——《老子》第四十九章

一只照亮世界的萤火虫

有一只萤火虫飞啊飞，终于天开始亮了，萤火虫长长地松口气：“我终于把世界照亮了！”

我们总以为有很多观众在等待欣赏我们的风彩，就像那只“照亮”世界的萤火虫。演艺界某成功人士一次饭前故意恶作剧藏在衣柜中，但大家吃完饭先后离开，其间没有人发现少了一位。该成功人士吃完残羹冷炙之后，人生观从此也发生了改变。

世界真的像我们理解的那样吗？老子告诉我们，每个人都没有自己想象中那么重要，连圣人也是如此。只是圣人知道这一点，我们大部分人不知道。

以百姓之心为心即是无我，《列子》的说法是“不敢用私”。孔子在一处急流冲击的漩涡处，看见一个人跳进漩涡轻松地游了一圈又上了岸，就问他有什么特别的道术。他说并无道术，只是人在水中，或左或右，或上或下，顺势而为，不敢用私。

无我的真正含义是不执着于我。

海洋中真正的防御大师是章鱼。从表面上看，章鱼既没有坚硬的外壳，也没有强壮的骨骼，但它以水一般的柔弱最终成了真正的强者。

所有的变化都是事物自身在变化，我们无须自作多情，如同我们无须向一个深山里的放羊少年讲解手机支付功能：第一，他没有手机；第二，他不需要支付。

出生入死。生之徒十有三，死之徒十有三，而民生生，动皆之死地之十有三。夫何故也？以其生生也。盖闻善摄生者，陵行不避兕虎，入军不被甲兵。兕无所揣其角，虎无所措其爪，兵无所容其刃。夫何故也？以其无死地焉。

——《老子》第五十章

地狱才是我们的“死地”

就总体而言，人这一辈子享乐，下辈子受苦，酸甜苦辣最后都中和成了无色无味的水。我们从生开始，到死结束。不生即死，不死即生，生生死死，大抵都差不多。

古人讲：天下可得而不可取。每个人只能拿走属于你的一份，不是你的，拿了也没用。

周太王励精图治，积德行义，国人拥戴。当戎狄来攻时，周太王主动放弃了国土和民众。在他看来，戎狄杀伐的目的是这些百姓，给戎狄做百姓与给我做百姓并无本质区别，但是让百姓遭受战端就不应该了，相对而言，当不当王根本没那么重要。

周太王选择了退让，但老百姓需要的正是这样的仁君，所以他们千里迢迢、扶老携幼赶来投奔太王，这才是周兴盛的根源。

对一个国家而言，不是兴盛就是衰落。还有一种情况，因为领导者太有为而导致国家灭亡的，秦就是一个例子。秦始皇肯定是一个有理想的人，一统天下的满足感就像一剂大力金刚丸，让他觉得他有能力将今后一千年的事情做完。这样的野心最终掏空了帝国，也摧毁了秦人对国家的信任。

就人类而言，长寿者占3/10，短命者也占3/10，他们寿限如此，也是没有办法的事情。还有3/10的人因为过分贪生，反而变得更加短命，如同我们客厅里养的金鱼最后都是撑死的，我们阳台上养的花草最后都是淹死的。

只有1/10的人最后变成了神仙。

悉达多王子端坐在菩提树下，他发誓：不能成佛，决不起身！

魔王感觉无比恐惧，如果悉达多将世界的真相告诉世人，魔王的威力将不复存在。

魔王有五个女儿，她们是世界上最有魅力的女人。但她们已经没有能力把即将成佛的王子引入爱欲的漩涡。因为在即将证悟的王子眼中，她们不过是五具红粉骷髅。

魔王发动他的魔军一起向王子进攻，但是那些雨滴般的箭矢在接近金刚座时化成了漫天的花雨。

王子心如止水，那些女人和武器便不存在。不动就不会有漏洞，因此也就没有了死地。

阎罗是地狱之王，他给我们的印象只有恐惧。在藏传佛教中，这位阎罗王却是文殊师利的化现。文殊师利是谁？七佛之师，掌管世间智慧。传统唐卡中坐在骷髅宝座上的阎罗手持一面镜子，每一个站在地狱门口的人从镜子中看到的都是自己——谁应该下地狱？没错，决定权属于你自己。

其实早在释迦牟尼佛之前的古印度婆罗门教的教义中就已经有了轮回说，我们的来生与今生就像从一扇门走进另一扇门。

佛教的轮回说要更复杂些。六道可以大致划分为天、阿修罗、人三善道与畜生、饿鬼、地狱三恶道，在我们彻底跳出这个迷宫之前我们当然希望自己至少不要堕落到地狱中。

接下来就是坏消息了。我们下辈子进入善道的机会有多大？有一次，佛用小指甲钩起一点泥土，问他的弟子：我指甲上的土跟大地上的土哪个多？弟子答：大地上的土多。佛说：你们下辈子堕入畜生、饿鬼、地狱三恶道的机会就如大地上的土那么多。

这是《涅槃经》的记载。还有一次，佛指着面前爬过的一只蚂蚁，告诉阿难说：我观这只蚂蚁的前生，见它七佛以来一直都是蚂蚁。

蚂蚁的寿命数天至数年不等，一只蚁后一生可以产卵5亿只。至少我们，则应该庆幸我们不是一只蚂蚁，因为佛还告诉我们成为一个人的机会如同“盲龟值浮木”。茫茫大海中有一只瞎眼的海龟，每一百年它才露出水面换一次气。某一天它浮出海面时碰到一块漂来的木板，木板上有一个孔，海龟的头刚好伸进了木孔——这就是我们进入人道的或然率。

这等于说我们死后只能去地狱了吗？但我们还是有一线希望的，因为我们可以修行佛法，而其他五道中的众生连修行佛法的机会都没有。佛说只有人才有足够的闲暇与理性——跟其他众生比起来，仅仅有机会托生为人就已经足以让我们满足了，换句话说，我们每个人都拥有暇满人身，还有什么不开心的呢？

假如我们从今天开始修行佛法，若干年之后，或者就在下一刻，我们解脱成佛了，我们不仅不用再去地狱，我们连天上的神仙都不屑于去做。

我们终于永远逃离了死地。

阿弥陀佛！

道生之而德畜之，物形之而器成之。是以万物尊道而贵德。道之尊，德之贵也，夫莫之爵而恒自然也。道生之畜之，长之育之，亭之毒之，养之覆之。生而弗有也，为而弗恃也，长而弗宰也，此之谓玄德。

——《老子》第五十一章

选择在失去之前放手

龙应台在《目送》中说："我慢慢地、慢慢地了解到，所谓父母子女一场，只不过是意味着，你和他的缘分就是今生今世不断地在目送他的背影渐行渐远。你站在小路的这一端，看着他逐渐消失在小路转弯的地方，而且，他用背影默默地告诉你，不必追。"这话听起来，让人心生悲凉。子女总是无比轻松地就"觉悟"了，父母们总是拒绝"放下"；因为对孩子而言，未知的世界充满了诱惑，对父母来说，他们永远生活在过去。

父亲是道，母亲是德，五谷杂粮将他养大，没有天时地利他依然无法成人。

孩子刚被抱出产房时，父母看见自己的孩子五官、四肢健全，数数手指、脚趾数量都对，便觉得自己就是全世界最幸福的人。接着就开始担心了，他能看见吗？能听见吗？他会不会比别人迟说话？他跟别人一样聪明吗？让上帝保佑她比别的孩子更漂亮吧！

你对他的要求越来越多，你的期望值越来越大，你把不曾实现的理想、家族复兴的梦想全部叠加在他身上……你已经完全不记得自己的初心仅仅是希望他能够健康。

天地生养万物，但万物是万物，天地是天地，天地永远不会去主宰万物，这样的“关系”完全符合大道。

圣人与百姓之间呢？老子告诉那些圣人们，应该做符合大道的事情。《孟子·滕文公》说：“贤者与民并耕而食，饔飧而治。”表面上看，这是先秦农家的政治理想，所有人都应该自己参加劳动，自食其力；其本质表达的是一种人与人之间的平等关系，即便是在圣人与百姓之间亦是如此。

父母与孩子之间的关系似乎要复杂得多。从小一把屎一把尿将他拉扯大，在这个过程中孩子自然变成了父母的一部分，这种虚假的从属关系在很多父母那里都会持续很久很久。孩子长大的过程，不适应的主要是父母，因为他们之间原本“确定”的上下级关系似乎越来越可疑了：孩子会自己走路了，他出门读书了，他成立了自己的家庭，他甚至开始有自己的打算了……父母的存在还有什么意义？某一天，父母恍惚间意识到自己真的被抛弃了。

然而，父母生他养他不就是为了让他离开吗？

佛与众生的关系则是最自然的。

当你真心发愿尽度天下苍生时你已经是佛了，或者说佛与天下众生是同时解脱的。观音菩萨千手千足，寻声救难，有求必应；地藏菩萨誓度地狱众生；释迦牟尼佛当初也曾发愿托生到娑婆世界度化众生。2500 年前，佛陀如愿来到我们这个五浊恶世，并为我们留下了无上之佛法。

但这并不代表佛与众生的关系发生了改变。严格来说，从佛眼中看出去，并无众生可度，缘尽缘生，无去无来，佛只是应机说法。我佛慈悲，这样的慈悲跟你向某个慈善组织捐款有本质的区别，佛的慈悲没有对象，它仅仅是佛自己的事情。

佛的大慈大悲很容易就打动了我们，但佛是不会感动的。未来佛弥勒菩萨大约会在 56 亿年之后降临西方净土，届时，他会在龙华三会上宣讲佛法。这是他与我们的约定吗？他不会等我们，是我们在等他。

佛从来都不是“上帝”，是否选择成佛毕竟只是非常个人的事情。佛是留在岸上的游泳教练，他可以告诉你怎样游，但你不能指望他把你那一份也游了。比这更重要的是成佛其实一点也不难，无论何时何地，你只要一回头就可以了。如果混沌一生都没有想明白，甚至两手沾满了鲜血，按照净土宗的说法，你只要在死前那一瞬间发愿前往西方净土世界，你就已经在那里了。

这也是佛法最殊胜的地方。

从根本上说，我们都不想拥有一个让我们无法承受失去之痛的东西，比如我们深爱的人，还有我们的“色身”。佛陀说：在死亡来临之前死亡。既然没有什么东西可以真的永远抓在手里，那就在失去之前放手——知道这一点对每一个人来说都很重要。

天下有始，以为天下母。既得其母，以知其子。既知其子，复守其母，没身不殆。塞其兑，闭其门，终身不勤。启其兑，济其事，终身不棘。见小曰明，守柔曰强。用其光，复归其明，毋遗身殃，是谓袭常。

——《老子》第五十二章

欲望即烦恼

佛说：只有那些烦恼大如须弥山的人才有可能证得无上正等菩提心。换言之，那些原本无欲无求者只能等着下地狱了。

但老子觉得我们可以尽量将欲望消解掉。老子消解欲望的方式就是闭目塞听，通过阻断外界的信息，让我们的心回归宁静。

心宁静了，我们就真正强大了，这才是天下大道。

老子在这里只是提出了目标，他并未提供解决方案。面前有一栋华屋，当我们试图走进去时，发现它其实是没有门的。

事实上，只要我们的分别心还在，我们的欲望就无法真正消除。而分别心是我们与生俱来的，大部分时候，分别心就是我们的烦恼本身。我们僵硬的心早已习惯将“我”与世界区分开来：我是唯一的主体，除此之外全是客体——这时候我们甚至还不如那只泼皮的猴子。

宋国有个养猴子的老人，他给猴子分栗子的时候说：早上吃三个，晚上吃四个。猴子以为少了，全都吵闹起来。老人说：那就早上四个，晚上三个。

猴子们于是开心了。

猴子们至少知道四个比三个多，它们并不关心总数是不是一样多，这就是我们嘲笑猴子的原因。但我们知道的仅仅比猴子多一点而已。养在圆形玻璃缸中的金鱼因为光线折射的关系，我们眼中的直线在它们眼中全部变成了曲线，问题在于我们能够确认自己不是在一个更大的金鱼缸中吗？

当我们与世界合为一体的时候，我们就是世界本身。我与烦恼的关系就像自己的左手与右手。左手会伤害右手吗？佛就是这样消解烦恼的。而在此之前，我们只需要明白烦恼并非我们自身的一部分，它是我们强加在自己头上的，当你真的开始这样想的时候，你的烦恼程度已经大大减轻了。你是咖啡杯，烦恼是杯子上的污垢，污垢肯定不是杯子的一部分。

这就是佛法“四圣谛”苦集灭道中“灭”的真实含义，我们不需要通过什么法术去消除一个东西。这就是“觉悟”的一部分，或者说佛就是这样觉悟的。

在一个真正的佛教徒看来，我们的所有烦恼都是自找的。但生活中我们难免要与人互动，有时候烦恼可能真的会找上门来。

有一种菩萨被称作逆行菩萨，如果你生活中有人总是给你制造麻烦，甚至无缘无故地攻击、诋毁你，恭喜你，你遇上了你的逆行菩萨。逆行菩萨示现的意义在于充分暴露你的愤怒，这使得你有机会将它消解掉；消解的过程也是你迈向神坛的过程，这有点像在磨坊中研磨谷物，今天一粒明天一粒，终有一天你会成佛。当然是否选择消解是你自己的事情。

问题还在于，如果没有这位菩萨，你的愤怒将深深掩埋在情绪里不见天日。它不会自行消失，就像某种野草的种子，只要条件许可便会发芽。这位菩萨为你创设了一次彻底拔除它的机会。

佛说，欲望即烦恼。佛还说，烦恼即菩提。我们的修行路上一定铺满了砾石，它们影响我们前行的脚步，有时还会刺痛我们的双脚；但偶然回头，我们会发现也正是这些砾石在为我们指引方向。从这个意义上讲，这些砾石便是我们生命中的宝石。

而当我们最终证得某种成就时，我们才恍然明白其实路上既没有砾石，也没有宝石。

> 使我介然有知，行于大道，唯施是畏。大道甚夷，民甚好径。朝甚除，田甚芜，仓甚虚。服文采，带利剑，厌饮食，资财有余。是谓盗竽，非道也哉。
>
> ——《老子》第五十三章

贪吝者必堕饿鬼道

在六道中做个饿鬼肯定不算最糟的。

饿鬼是贪吝的同义词，在我们通常的印象中，他们腹大如鼓，却难以进食；即便是我们眼中的一片清水，在他们眼中也是一摊脓血，因此他们永远深陷饥饿与干渴之中。这就是他们痛苦的全部原因吗？在一些传统的描述中，这些饥肠辘辘的家伙身上总是戴着一堆珠宝。一方面，他们不肯舍弃那些珠宝，另一方面，他们要整日忍受饥饿。

但饿鬼天生如此，每个饿鬼都是这样，对他们来说，他们真的知道自己正陷在痛苦中吗？

南非摄影记者凯文·卡特来到战乱的苏丹拍摄饥民的情况，走进灌木丛，他看到一个小女孩艰难地向食品发放中心爬去。他准备拍照时，一只大秃鹫落在了女孩背后。卡特等了20分钟，那只秃鹫还不肯离开。秃鹫是专吃死人肉的。卡特拍完照，坐在一棵大树底下点起烟，叫着上帝的名字放声恸哭。《饥饿的小女孩》获1994年普利策摄影奖。

两个月后，卡特自杀，他用一截软管将汽车废气导入车内。人们在汽车座位上找到他留下的一张纸条，上面写着：真的，真的对不起大家，生活的痛苦远远超出了欢乐的程度。

是的，知道这一切才是最糟糕的。饿鬼是给我们看的，只有旁观的我们才“知道”饿鬼的痛苦。

如果站在佛的角度，我们的境遇并没有比饿鬼好多少。四苦八苦让我们生不如死，轮回中的“空转”让我们的每一次示现都毫无意义——尤其是当我们知道这一点时。

但是觉察它，我们就可以在一定程度上放下，至少它不会再伤害到我们。当我们沉浸在某种情绪中时，我们就丧失了自由，这时候我们看起来就像是一只被尾巴摇动着的狗；而当我们知道自己正沉浸在某种情绪中时，我们只是一只摇着尾巴的狗。当然深观那条正在摇动的尾巴，它到底是自己在摇，还是在被摇，其实只是一个角度问题。如果我们真的觉悟了，这两者之间是没有区别的。

觉悟之后，我们依然要吃饭穿衣，依然要朝九晚五，但我们仅仅是在做着正在做的事情。我们不但无须堕入饿鬼道，甚至可能已经脱离了六道。

我们中的少部分人放弃宽阔的大路而选择像驴一样一头闯进了密林，他们以“驴友”为自己命名。所谓的驴友永远都不可能成为密林的一部分，其生存方式同样源于人们对某种秘不示人的欲望的贪婪——因为贪欲，他们永远远离了光明正道。

我们还可以像佛陀那样让自己真正融入森林。2500 年前，佛陀选择森林修法、传法、涅槃。

善建者不拔，善抱者不脱，子孙祭祀不绝。修之身，其德乃真；修之家，其德有余；修之乡，其德乃长；修之国，其德乃丰；修之天下，其德乃博。以身观身，以家观家，以乡观乡，以邦观邦，以天下观天下。吾何以知天下之然哉？以此。

——《老子》第五十四章

以镜子为标准，我们都是完美的

如何让我们的建筑物永远屹立不倒？如何让我们抱在怀里的东西永远属于我们？

老子相信道是永恒的，符合大道的行为拥有不可思议的力量。

关于这样的“秘诀”老子在前章已经论述过了，他说：一个真正善言之人，不会留下任何把柄；真正善于计数者根本就不用筹策；真正安全的门不用上锁；最牢固的捆绑根本就不需要绳索。就像一个真正的行者，他们踏雪无痕，如神龙出没，如风穿疏竹，如雁渡寒潭。

从来都不建的房子是不会倒的，如果你真的知道自己并不拥有任何东西，你当然就不会失去任何东西。

执着的我们通常会将最珍视的东西存放在最安全的地方。《庄子·胠箧》则警告我们：要防备小偷。你可以将藏有贵重物品的箱子用绳索捆扎好，再锁上；但是大盗来了，会背起箱子就走，他唯一担心的就是你捆扎得不够结实。

道高还是魔高？从本质上讲这是一个鸡与蛋的问题，终极的解决办法只能是放下。

《金刚经》以“一切有为法，如露亦如电，如梦幻泡影，应作如是观”为总偈。如此虚无的道理真的可以指导我们无比现实的人生吗？

对于一个无法回到地球的宇航员来说，能在坚实的泥土上行走就是最大的幸福。在一个真正的禅修者眼中，大地上只要还有清风、明月，他们就可以感知每一根毫发在风中摇曳的自由。但我们的眼中永远只有邻居家似乎更美满的生活。我们应该永远记住的是临济禅师的话：真正的神通是在大地上行走。

事实上我们每一个人都是别人羡慕的对象，但每一个人都觉得自己还不够幸福。

如果以镜子为标准，我们每一个人都是完美的。

如果以范冰冰为标准，世界上除了“范爷”，所有的女人都是错的。

我们的出路可能仅仅是明白这一点。当我们明白这一点时，我们的心会变得柔软，于是我们自由了。

含德之厚者，比于赤子。蜂虿虺蛇弗螫，攫鸟猛兽弗搏。骨弱筋柔而握固，未知牝牡之会而朘怒，精之至也。终日号而不嗄，和之至也。知和曰常，知常曰明，益生曰祥，心使气曰强。物壮即老，谓之不道，不道早已。

——《老子》第五十五章

我们本来可以认出不同猴子的脸

有一种令人尴尬的病叫脸盲，我们无法想象有人无法在街上认出自己的妈妈，即便他们天天生活在一起；有人一直到40岁才在镜子中认出了自己，而且他还是参考了发型等其他信息。

刚出生的婴儿只能分辨比较明亮的物体，如果单凭面部特征，母亲跟别的任何人没有什么区别，但他会根据其他信息认出母亲。6个月大的婴儿已经可以记住他见过的人脸，而且他此时还能区别不同猴子的脸，但通常情况下，到了9个月他就失去了这种能力，因此在我们的眼中所有的猴子都长得一样。

这样的事实主要是用来证明大脑发育是有窗口期的，事实上，我们错过了无数个窗口期，这才是我们平庸的主要原因。从另外的角度看，那一团粉红色的肉肉本身就蕴含着不可思议的能量。一个显而易见的事实是，那个仅靠一点奶水维生的小家伙可以连续高分贝哭喊一个晚上，而以同样的声响呼喊，即便只有几分钟，我们庞大得多的身体也无法承受。

老子认为婴儿最自然，因此也最强大。

自然的就是强大的，但心使气——这是最不自然的事情了。比如，我们吃饭是因为饥饿，这是自然的；但我们有时会因为美味而“开口”，这就叫心使气。

我们的肠胃因此变得无比衰弱，接下来我们的生命将变得不堪一击。

有一个人丑得令全国吃惊，但所有的男人都愿意结交他，所有的女人宁愿离开自己的丈夫而成为他的妾。这个男人几乎从不说话，别人表达意见的时候他最多应和一下。他既没有足够的财富帮助他人解除饥寒，也没有什么特别的才能救人于水火。

鲁哀公不相信世上有这样的人，叫人把他找来，至少他的相貌跟人们的描述是相符的。跟他相处了一个月，鲁哀公开始觉得人们说的有些道理；不到一年，鲁哀公决定将国事委托给他。他不置可否，不久便离开了。他的离去让鲁哀公食不甘味、夜不能寐，但不知道为什么。

孔子说：这是一位“德全”的人。在《庄子》的字典中这应该叫作与大道化合的初生小牛。

婴儿与小牛都是自然的，自然就是大道化合的产物。

两个牙牙学语的孩童在庭院中玩耍。墙角的一朵白色蔷薇正在盛开，一孩童用手指着蔷薇惊喜地对另一孩童说：“花！”另一孩童惊喜地看着蔷薇说：“花！”然后，他们继续在庭院里玩耍。

我们可能不知道庭院中刚刚发生了一次最复杂的交流，如天地之始，如草木初萌。

其中所蕴含的秘密会让我们想起2500年前的灵山法会。那一次，佛祖手持一朵金婆罗花，仪态安详，默然无语。众人不解其意，只有摩诃迦叶破颜微笑，佛祖遂将自己的金缕袈裟和钵盂传于迦叶，是为中国禅宗西天第一代祖师。

知者弗言，言者弗知。塞其兑，闭其门，和其光，同其尘，挫其锐，解其纷，是谓玄同。故不可得而亲，亦不可得而疏；不可得而利，亦不可得而害；不可得而贵，亦不可得而贱。故为天下贵。

——《老子》第五十六章

上帝的那道数学题

白居易问：既然智者弗言，老子算智者吗？如果是，他的“五千言”作何解释？这就像那个著名的悖论：上帝能出一道他自己不会解的题目吗？

或者，这五千言便是老子并未得道的“罪证”？

可是老子不说，我们怎么知道他懂呢？

中国禅宗五祖弘忍座下有500个和尚，慧能却是个文盲。五祖是这样解释为什么将袈裟传于慧能的：“那500个和尚中499个都了解佛法，只有慧能例外。”

慧能当然不会跟人谈论佛法——因为他原本就不了解，五祖却认定他是个“知者”，尽管他从来不说。

如果他说了，那就证明他并非真懂，但是也可能他是真的不懂呢？

无法自圆其说一直都是佛教面临的问题，我们宁愿相信佛陀的另外一些教诲没有被记录下来。

“祖师西来意”是中国禅宗公案中最热门的话题之一，达摩祖师为什么要到中国来？提问的大都是后学晚辈，高德大僧们回答的方式也基本上都是操起一件东西，劈头就打。

达摩祖师为什么到中国来？这个问题并不敏感，这是灵山大会上佛祖的意思。但是把它当作一个问题提出来的人显然是没有抓住重点，被棒喝也是应该的。

《景德传灯录》中，梁武帝是以另外一种方式问了同样的问题。武帝问，自己造寺、写经、度僧无数，功德如何？达摩说，并无功德。武帝问，怎样才算是有功德？达摩说，世界本空，明白即是真功德。武帝再问：什么是圣谛第一义？达摩说：世界本空，哪里有圣？武帝说：那坐在我对面的是谁？达摩以沉默应对，因为梁武帝始终不得要领。

他们是在讨论佛法的本质吗？禅宗坚持明心见性，见性成佛，这中间根本没有语言文字的参与。慧能不了解佛法表面的意思，因此他不会用语言文字去描述，这是由佛法本身的独特性所决定的：不说的人可能是真不懂，真懂的人肯定是“弗言”者。

表面原本就不重要。

以正治邦，以奇用兵，以无事取天下。吾何以知其然也哉？夫天下多忌讳，而民弥贫；民多利器，而邦家滋昏；人多智巧，而奇物滋起；法物滋彰，而盗贼多有。是以圣人之言曰：我无为而民自化，我好静而民自正，我无事而民自富，我欲不欲而民自朴。

——《老子》第五十七章

“人治”一定是十恶不赦的吗？

子产铸刑鼎是中国历史上的大事件，郑国的子产第一次将刑律铸在鼎上。铸刑鼎的目的是公之于众，在没有公共媒体的春秋时期，这几乎是当时能想到的唯一方式。

在此之前，所有的刑律都被密藏在卿大夫的私人书架上。触犯者当然也要接受惩处，但惩处他的是刑律吗？至少在被惩处者看来，他是被某位“大人”拿下的。

这有什么不同吗？简单地讲前者是“法治”，后者是“人治”。“人治”的问题在于他可以严格援引律条，他也可以完全根据个人的好恶做出判决。

今天我们很容易在这两者之间做出选择。但在古人看来，“人治”可能才是更好的选择。铸刑鼎的直接后果是老百姓敬畏的是刑律而非“大人”，但刑律永远只能规定它能够规定的，百姓只要足够聪明，他就可以规避；当然刑律也可以更加具体，将所有可能的漏洞预先堵上——今天的法制建设就是在做这件事情。在这个博弈的过程中，直接受益的是律师（古人称“讼棍”），被伤害的是整个社会的道德肌体。

一张纸质的毕业证书已经不能直接作为一种学历的证明了，我们还需要开具另一种证明这种“证明”的证明，但很快就发现，连这种证明也有人作假了。

我们早已忘记，那一纸证明除了表明你曾经在某个地方待过一定的年限外，它跟你的素养、道德、文化、心智、能力毫无关系。

“人治”一定是十恶不赦的吗？香港是法制社会，依照法律法庭判处当事人一定的刑罚，但香港大法官有时会在宣判之后当庭痛斥当事人“卑鄙无耻！丧尽天良!!”——对当事人而言，究竟哪个才是更重的处罚？

我们也可以敬畏“刑律”之外的东西，比如一位道德绝对高尚的君子，或者只是无比抽象的“天”。我们可以嘲弄漏洞百出的刑律，但是每当雷声炸响时，那种让我们心里颤抖的力量就是真正的约束力。

我们还可以敬畏上帝，前提是我们心中必须有上帝，在上帝打盹的时候还有法律。

深圳会限牌吗？一线城市中上海早就限了，北京、广州也限了，一些二、三线城市也限了。深圳机动车保有量超过 314 万辆，近 5 年年均增长率约 16% 。每公里道路机动车约 500 辆，深圳的车辆密度居全国第一。

国外的汽车比中国多，但不限牌，而且深圳治堵有其他思路。

2012 年 9 月，深圳 4 名汽车销售顾问被处以行政拘留，原因是散布“9 月 1 日限购谣言”。2014 年 5 月，景田一家车行打出大幅标语，称“限牌在即，抢购正当时”。结果被深圳交警认定涉嫌造谣，法人代表被传唤，一临时工被拘留三天。

2013 年 11 月 12 日，深圳市公安局负责人说：是不是限牌，这方面政策不是公安机关制定的。我认为，如果深圳出台这样的政策，一定会广泛听取意见，绝对不会搞突然袭击。

2014 年 1 月 16 日广东省两会上深圳市市长说：深圳目前的政策趋向依然是通过经济手段进行调节，减少行政手段。目前我们寄托于用经济手段来调节出行情况，使得大家拥有车辆，但能够合理、适当地去使用车辆。

2014 年 7 月 23 日的一次交流会上，一位常务副市长说：深圳治堵不用“限购限牌限行”等行政手段，而是采取法治和经济手段，效果有待实践。

2014 年 12 月 20 日，深圳市交通运输委负责人说：深圳将不会采取与“北上广”相同的以行政手段为主的“限号限购”政策，将坚持用经济手段调节居民出行方式，抑制小汽车数量过快增长，减少小汽车使用，引导机动化出行向公共交通转移。

至此，所有的深圳市民都相信：深圳不会限，至少短期内不会。

9 天之后，深圳宣布限牌。

“汽车限牌了，所有人员在一分钟之内马上离开店里!”2014 年 12 月 29 日下午 6 时左右，深圳所有汽车 4S 店悉数被武警占领。为了保证政策的实施，由交通委、交管局、市场监督管理局等组成联合执法队到店执法。

当天下午 4 时 28 分，深圳市有关部门正式发出“限牌”通知，一个小时后就实施了限牌。

深圳市政府打了一场漂亮的伏击战。

子产铸刑鼎，晋国的叔向深感失望：“国将亡，必多制!”子产说自己并非真正的济世之才，以他的才干无法让国家大治，铸刑鼎仅仅是权宜之计，属于不得已而为之。

20 年后，晋国效仿郑国铸刑鼎。孔子知道后甚为不满，感叹道：“晋其亡乎!”

其政闷闷，其民屯屯；其政察察，其民缺缺。祸，福之所倚；福，祸之所伏。孰知其极？其无正也，正复为奇，善复为妖。人之迷也，其日固久矣。是以方而不割，廉而不刺，直而不肆，光而不耀。

——《老子》第五十八章

今天我们都是“刁民”

2014 年 12 月 28 日下午，十二届全国人大常委会第十二次会议在北京人民大会堂闭幕，新的《立法法》表决通过，并即将在全国施行。央视新闻频道说：新法生效后，“一些限行、限购和限贷等地方限制性的行政手段将会受限，今后有权也不能再任性了”。

2014 年 12 月 29 日下午，深圳市人民政府新闻办公室召开新闻发布会，宣布深圳限牌、限行。

这是什么节奏？

限牌能缓解交通拥堵吗？高德地图大数据显示，限牌 20 年的上海目前是全国最堵的城市。深圳市交警局新闻发言人说：深圳并非没有考虑过限牌令的效果。最近几年，深圳曾多次派员赴北上广三地调查，结果发现，限牌令作为一个短时间内见效的政策，虽然可以起到立竿见影的效果，但在三年过后，其作用几乎销声匿迹，不能从根本上解决拥堵的问题。

另外，既然认定道路已经很拥堵了，为什么还拿来做停车场？停车泊位要不要占路面？会不会导致交通更拥堵？一边限牌治堵，一边收费纵堵；一边以治堵的名义，通过限牌、拍卖号牌来收费，一边以规范市民停车的名义，通过加大拥堵来收费。一边卖矛，一边卖盾。这是网民的质疑。

限牌能改善空气质量吗？深圳市人居环境委员会的官网首页此前发布消息说："城市空气质量，深圳位居前十！"怎么又突然严重到要限牌了？前十都限了，别的城市怎么办？这是网民的另一种质疑。

北京限牌前三天，经销商和消费者就知道了确切消息，限牌当月历史性地卖出了14.6万辆新车。天津、杭州限牌预留了5个小时，广州限牌预留了3个小时，深圳限牌实际预留时间：20分钟。

深圳真的可以如此任性吗？广东省政府法制办确认深圳限牌通告符合相关规定。

深圳某律师事务所张姓律师专注房地产官司10余年，日前他告诉记者，他遇到了从业以来最大的业主毁约潮。进入4月，他的律师事务所平均每天能接到20个咨询电话，有的是买家被毁约后前来咨询应对办法，有的则是业主前来咨询如何可以免责毁约，还有的业主甚至委托律师直接发出解约函。"五一"过后，二手房买卖业主反价案例的接待量已经超过了去年全年的接待总量。

如果有业主说是深圳限牌导致他决定毁约的，我们一定认为他逻辑混乱；但如果说是深圳限牌和业主肆意毁约共同导致我们的社会越来越没有安全感，这在逻辑上大致是通的。

老子告诉我们不要执着于当下，因为就本质而言，人是无法把握事物发展规律的。从情感上，我们永远无法将蝴蝶的某次翅膀扇动跟地球另一半球的一次风暴联系在一起——是灾难还是机遇很多时候真不是它表面所显现的样子。最稳妥的办法就是不要乱动，让事物自己发展。

佛法的核心也是不执着，其中的重点是对结果不执着。就我们日常所见，事物的联系具备普遍性，因果是其基本法则。佛法相信三世因果，有人今天冒犯了你一次，你指望他明天就被汽车撞死是不现实的，即便是作恶多端者也可能尽享天年。在这个问题上我们最容易犯的错误是——断章取义。

从积极的层面看，我们不成功可能跟我们的努力程度毫无关系，我们还可以坦然地将责任算到我们的“前世”身上。在这个问题上，负责任的态度应该是差不多就行了。印度是神的国度，跟精神世界比起来，印度人民的世俗生活真可谓是得过且过。一个众所周知的事实是：如果没有玄奘的《大唐西域记》，印度人对自己一千年前的历史可能一无所知。

魏晋是乱世，晋室南渡后北来的权贵与南方士族之间矛盾横生，名相王导游走于南北之间，数次收拾乱局，堪称东晋中兴之栋梁。据《世说新语》载，王导为政崇尚清静，晚年曾感叹说：“人言我愦愦，后人当思此愦愦。”人们都说我糊涂，后世才会明白我的糊涂。

今天，我们遇上的是一个竞相展现各自精明的时代。

> 治人事天莫若啬，夫唯啬，是以早服，早服谓之重积德。重积德则无不克，无不克则莫知其极。莫知其极，可以有国。有国之母，可以长久。是谓深根固柢、长生久视之道也。
>
> ——《老子》第五十九章

一只饥肠辘辘的老鼠

美国科学家麦凯于 1925 年做过这样一个实验：他把一群刚断奶的幼鼠分为两组，分别放在两只不同的笼子里喂养。甲组享受“优惠待遇”，每日给它们充足的食物，让它们饱食终日；而乙组则遭到“歧视待遇”，每日仅提供给它们相当于甲组 60% 的食物，故意让它们饿着。

实验结果大大出乎意料：甲组老鼠的寿命仅为三年左右，这只相当于它们的中年；而乙组时常饿肚皮的老鼠的寿命则翻了一番，它们享尽天年之后才寿终正寝，而且它们的皮毛光滑，皮肤紧致，行动快捷。更加耐人寻味的是，饥饿老鼠的免疫功能乃至生殖功能都比甲组的老鼠要高。

“饱食终日”还是“饥肠辘辘”？是吃肉还是吃草？或者干脆什么也不吃？古人相信：“食肉者勇敢而悍，食谷者智慧而巧，食气者神明而寿，不食者不死而神。”

食肉者如西人如狮虎，他们勇猛而强悍；食谷者如羊如鹿，他们性情温和，目光如水；什么也不吃的人最后都变成了神仙。

啬不是不浪费，不浪费的前提是满足正常需求；啬是在正常需求的基础上再减损。把胃撑满就是浪费，五六成饱才有利于养生。

辟谷则有可能重启我们的生命系统。

近人弘一法师曾到大慈山辟谷十七天。他还将断食的感受详细记录于

《断食日志》。他自感身心灵化，似有仙象。平时以写毛笔字打发时间，笔力丝毫不减，而心气比平时更灵敏、畅达，有脱胎换骨般的感觉。他在断食之后摄影留念，并制成明信片分送朋友，照片上印着："某年月日，入大慈山断食十七日，身心灵化，欢乐康强——欣欣道人记。"

李叔同半世文人半世僧的传奇一生曾留给我们无数的谜团，断食的经历无疑让弘一大师的人生达到了全新的境界。

饮食当然属于"色"的范畴，佛家讲"五蕴"，加上受、想、行、识，这五种东西都是我们修行的障碍。

巴尔塔莎·葛拉西安在《智慧书》中劝诫人们，千万不要失去节制而"成为一个蠢怪之物"。他说："有以下缺陷者都属于缺乏节制的怪物：奢侈、空想、虚荣、自由散漫、轻率、僭妄、自相矛盾、执拗、好标新立异、自满……相对而言，精神性怪物比生理性怪物更为糟糕。"

"深沉含蓄是天才的标志。坦诚之心就像摊开在众人面前的一封信。胸中要具有潜藏隐秘的城府，巨大的空间与微小的沟壑都可以让重要的事情沉淀深藏。含蓄来自自我控制，能缄默才是真正的胜利。内心的平和、节制是明慎处世的关键。"

经过审慎的思考，我们不难得出这样一个结论：节制是获得人生成功的关键。

如果说饱食终日的老鼠身处天界，饥肠辘辘的老鼠就是饿鬼道的众生。天上的时光是如此短促，而饱受摧残的日子却是如此漫长，这真的符合天道吗？

治大邦若烹小鲜。以道莅天下，其鬼不神。非其鬼不神也，其神不伤人也。非其神不伤人也，圣人亦弗伤也。夫两不相伤，故德交归焉。

——《老子》第六十章

老子手里那尾小鱼

政府成功处理了一起维稳事件，一群升斗小民的诉求得到了满足，作为“报答”，他们集体给政府送了一块匾，匾上面写着老子的名言：治大邦若烹小鲜。收到锦旗的政府觉得那群人更像“刁民”，得了便宜还卖乖！

大邦无比复杂，小鲜极其简单。但大邦也有其简单的地方，小鲜也有其复杂的部分。只有守住了“道”，大邦和小鲜才能都在我们的股掌之间。

从河上公开始，读者将注意力集中到了烹调一尾小鱼的诀窍在于不要随意翻动，因而将本章跟“无为”联系在了一起。这当然很符合老子的意思，但未必符合本章的意思。

韩非子在《解老篇》中揣测老子的意思是劝诫那些有道之君要“贵虚静而重变法”，因为国家的“法”变了，整个社会都要跟着调整，重新适应，在这个过程中，社会生产力会遭到破坏。这就是“烹小鲜”给我们带来的启发。

淮南子则站在虚无主义的角度进一步分析说，不管我们的动机如何，天下是非皆无所定，因此我们永远都无法知道孰是孰非，相对稳妥的办法就是“勿数挠”！就像是烹制几尾小鱼，我们只需要在出锅前撒少许盐，在此之前我们唯一能做的事情就是等待。

这里的逻辑依据发生了改变：不是鱼太小不宜翻动，而是我们从根本上无法把握翻动的结局。换句话说，清静无为是大道，它跟大小无关。

我们还可以把这里的关键词“大邦”替换成“汽车”。

一直以来我们都认为沃尔沃是世界上最安全的汽车。奔驰说：我们只做最安全的汽车。单就技术来说，没有哪一辆汽车比美国总统的专属座驾更安全。美国总统的座驾退役后的唯一去处就是彻底销毁，绝不容许它进入民间，因为其安全技术需要成为永久机密。据说克林顿卸任后曾有机会取回自己的那辆凯迪拉克——车钥匙除外，安全部门说：如果真的喜欢它，就给它擦拭一下灰尘吧！

但汽车安全问题绝不仅仅是一个技术问题。从某种意义上讲，美国总统的专属座驾就是全世界最危险的交通工具，事实上没有人愿意待在一架被无数双复杂目光盯住的“坦克”中。在这个问题上，还是听听老司机的忠告吧：开得慢的车才是最安全的车。

类似的道理还有——适当的饥饿感才是最好的美食。说真的，那些饱食终日的王公贵族们从来就没有机会真正享受美食。

这就是天下之道。

大邦者，下流也，天下之牝。天下之交也，牝恒以静胜牡。为其静也，故宜为下。大邦以下小邦，则取小邦；小邦以下大邦，则取于大邦。故或下以取，或下而取。故大邦者，不过欲兼畜人，小邦者，不过欲入事人，夫皆得其欲，大者宜为下。

——《老子》第六十一章

只要你不开心，别人就会开心

大邦小国，大鱼小鲜，在老子那里其实是同一个问题。大邦要刷存在感，小国时不时也得“冒个泡”。海洋里有大鱼就一定有小鱼，不能说谁比谁重要，重要的是大家都要存在。

存在感主要来自互动，大国的存在感来自小国的尊重，小国也从中找到了自己存在的证据。它们相互依存，这原本就是最佳结果。但大国天生的冲动就是吞并小国，问题是周围的小国全都消失了，大国的存在感从何而来？没有天下的穷人，富人们的日子也就变得可疑了。

大国兼并小国然后变成超级大国，超级大国慢慢衰败然后分裂成若干个小国……至少从殷商到唐宋都是这个趋势。

老子这里关注的是大国的生存之道，其实老子的理想是小国寡民。大国生存的秘诀就是忘记自己是大国，放下身段，甘居下游，以静制动，这样的“大”道理放在战国时期还是很有听众的。

几乎对每一位当政者而言，大的诱惑都是致命的。他们总是希望自己的国家越大越好，国土面积大，人口多，财富多。然后呢？事情多，麻烦多……旅程已经十分艰辛了，我们却在背囊中装满了无用的石块。到底什么才是我们真正需要的？

站在领奖台上的人手足无措、孤苦无依，这样的幸福时刻其实并不是我们需要的。我们还可以选择坐在台下，欣赏眼前的一切，就像是坐在电影院里观赏一部电影，我们一样会感动，但不会扔掉手中的爆米花和可乐向银幕扑过去——此时此刻，我们的心是自由的。

对我们大部分人而言，自由是唯一值得追逐的价值。

大与小本身都不是问题，刻意去追求才是。佛教的“业”就是造作，自然而然时已经是佛。看到河水从高处流向低处，我们觉得自然而然，如果有人站在河边认为水应该流向高处，他当然会痛苦——我们的大部分痛苦都来自这里。天上有白云飘过，我们留意到了，但通常不会在意，当然也不会痛苦。

对身体来说，生老病死也是自然而然的事情，就像我们家里的一只水杯，随着时光流逝，它的颜色会变旧，还会出现裂痕，一般情况下，我们不会为此痛苦。因为此时我们的心是独立的，但是在面对我们的身体时，我们的心很难独立，要么认定它就是“我”，要么认定它是“我的”。

小与大只是我们的认知，它可能是靠不住的。当我们“小”的时候，我们因为小而痛苦，后来我们变大了，但我们依然不快乐，我们为自己开出了新的条件。如同一辆试图甩掉所有竞争者的出租车，一路狂奔驶向了终点，但车里始终没有乘客。

你无须让自己变得更有钱，或者更有名气，甚至你的人生也不需要变得更美好。它们就像是山间溪流中的一片树叶，或流或止，无比自然。让你快乐的条件不是不足够，而是还没有“绝对”够——目前你拥有的一切其实已经足以让你快乐了。你真的可以试着提醒自己：我已经抵达终点，我到家了，就是此时此刻！

这样说来，真正让我们不快乐的仅仅是某种“执着”。

执着是什么？国际空间站上的每一滴水都无比珍贵，连宇航员的尿液都要回收。这些尿液处理后变成了饮用水，这些水可以喝吗？经过专业处理后，那些水跟瓶装水一样，事实上它比我们日常饮用的水更干净。喝不喝只是一个态度问题，一执着你就会喝不下去，如果不执着，那就是一瓶饮用水。

据说，美国宇航员选择了喝下去，俄罗斯宇航员选择了执着。

当年，辜鸿铭在北京大学讲授英国文学，他每天拖着一根焦黄的小辫子给学生上课，课堂上自然是笑声一片，待大家笑得差不多了，辜老师才慢吞吞地说："我头上的小辫子，只要一剪刀就能解决问题；可要割掉你们心里的小辫子，那就难了。"

辜鸿铭讲的是执着。

"谁都不打电话给我，没有人理解我，也没人关心我，我既孤独又凄惨……"事情的真相是你坐在自己的房间里——仅此而已。

西西弗斯是一位王者，也是一位叛逆者，他甚至策划了一次绑架死神的行动。他的行为最终触怒了众神，众神判罚西西弗斯每天将一块巨石推上山顶。巨石因为自身的重量会滚落山底，第二天，西西弗斯要重新将巨石推上山顶。众神相信这样的无效劳动就是最重的惩罚。

同样一生都在接受类似"惩罚"的我们，最终也变成了一群追赶太阳的人。

从本质上讲，我们每一个人心里都有一块石头；但是如果不执着了，那块石头其实是不存在的。这是什么意思？推石头本身不会让人痛苦，没完没了的无效劳动才会，也就是说，劳动不是我们痛苦的原因，因此我们还可以将无效劳动变成单纯的劳动——我们只是单纯地往山上推石头，一次、两次……没有成就感，也没有荒谬感，我们正在变成伟大的婴儿。

赵朴初在他 93 岁临终前留下一首偈：生固欣然，死亦无憾。花落还开，水流不断。我兮何往？谁与安息？清风明月，勿劳寻觅。

正如这位赵居士名字中所暗示的那样，他一生事佛，并最终参透人生，挣脱名利，放下执着，从而回归朴初大道。

我们每日蝇营狗苟去装饰我们的城堡，某一天却突然发现那个城堡其实并不存在，而我们劳心费力去追逐的所谓天堂其实一直都在我们的脚下。

现代心理学导师说：成功不一定让你快乐，但只要快乐你就成功了。

这句话的另一个版本是：只要你不开心，别人就会开心。

> 道者，万物之主也，善人之宝也，不善人之所葆也。美言可以市，尊行可以加人。人之不善也，何弃之有？故立天子，置三卿，虽有拱之璧以先驷马，不若坐而进此。古之所以贵此者何也？不谓求以得，有罪以免与，故为天下贵。
>
> ——《老子》第六十二章

我们的第 84 种烦恼

佛陀是佛教徒吗？这是一个很奇怪的问题，但这个问题指向的是佛教的本质。我们可以说佛教是佛陀创立的，而在此之前佛陀已经证悟成佛。对于一般佛教徒而言，觉悟以后他在哪里？至少他不再需要一个宗教团体，事实上他不再需要任何东西。

对我们俗世众生来说，阻碍我们觉悟的可能正是那个叫作“佛教”的东西。就我们有限的了解而言，如果要成佛我们应该先成为一位佛教徒，穿特制的衣服，居住在特定的地方，每天完成规定的功课。如果我们将取得某种成就的希望寄托在类似寺院那样的地方，我们便注定与佛渐行渐远，就像我们不可能仅仅通过阅读佛经而觉悟一样。

但佛寺的存在在很大程度上决定了佛教的存在。

而在一个十分专业的宗教家眼中，佛教根本就不是宗教。佛教不承认万能的造物主，世界是由业创造的，众生共同的业创造了共同的世界。佛陀本人也一直在给我们传输一个概念：我们不需要共同投射一个东西，然后再集体爱上它。

佛教仅仅是将世界的本质如实呈现在你面前。作为一个基督徒，你请求上帝让你达成一个愿望，愿望实现了，你会感谢上帝；如果没有实现，你心里明白这正是上帝的旨意。而一个真正的佛教徒根本就不会有这样的

“请求”。

假如我们面前有一池湖水，佛教就是让水退去，然后湖底也退去——这就是“湖”的真相。在此过程中，既没有谁可以改变什么，也无须改变什么。佛就是绝对明白这一点的人。

“明白”以后我们变成了什么？

业来源于身口意，业包括善业、恶业和不善不恶业，多修善业则能转生到有福乐少祸苦的善趣，多造恶业则必沉沦于畜生、饿鬼、地狱恶趣之中，这就是业报。世俗的佛法大多数时间里在给人们灌输这种简单明了的大道理。

但问题永远不会这样简单。

我们今天开始修行了——从此我们过上了幸福生活，这种情况出现的概率有多高？修行有可能让我们的生活变得更美好，但这显然不是重点，更美好的生活就像是我们钓鱼时带上来的水珠，很明显，鱼才是我们的目标。

鱼是什么？鱼就是实相，即世界的本来面目。问题还在于，当我们去找寻时，实相是不存在的。

佛陀说，人生必有 83 种烦恼，不多不少，今天你消除了 1 种，明天就会新生 1 种，对此佛也无可奈何；但是，我们也许还有第 84 种烦恼，就是我们希望自己没有任何烦恼。佛法的价值在于消解我们的第 84 种烦恼，然后我们就只剩下那 83 种烦恼了——佛教最伟大的部分就是它的平淡无奇，既不夸大，也不恐吓。

佛教最世俗的部分则充满了威胁与诱惑。《西游记》中孙悟空声称他的葫芦可以把天装进去，小妖深信不疑。其实我们内心深处最功利的某个角落对此也深信不疑，因为更多的时候我们需要神通法力。我们甚至不需要亲自走进牦牛角，但我们希望有人可以。如果佛法具备这样的神力，它不正是我们需要的吗？

对于大部分人而言，如果这个世界真的没有法力，那我们就真的没有希望了。

这就是三宝崇拜的社会心理背景，而早期的佛教并不支持个人崇拜。世界上第一尊佛像可能出现在佛陀灭度 500 年以后，在此之前，为了对那位证悟者表达敬意，人们能想到的办法就是把佛陀的脚印刻印在一块石板上，然后对那块石板顶礼膜拜。

佛陀为众生创立了八万四千个法门，林林总总，肯定有一款适合你。但被神化了的佛陀本人才是最大的法门。

威胁与诱惑肯定有助于某种精神的传播与固化，对此老子也显得无可奈何。老子的无为之道很明显是我们治人事天时最有价值的部分，但事实上它却极少有展露其价值的机会。

在此老子不惜自卖自夸，这无疑成了无为之道的悖论。

至少在佛陀的时代，人们皈依佛教是因为佛教本身，而不幸降临在末法时期的我们则可能是因为害怕堕入轮回而选择了皈依。

是的，我们无法证明上帝的存在，但我们同样无法证明上帝的不存在。无论如何还是抓紧时间修行吧！万一真有轮回呢？

为无为，事无事，味无味。大小多少，报怨以德。图难乎其易也，为大乎其细也。天下之难作于易，天下之大作于细。是以圣人终不为大，故能成其大。夫轻诺必寡信，多易必多难，是以圣人犹难之，故终于无难。

——《老子》第六十三章

等风来

我们吐丝织网然后将自己捕获，并在不知不觉中成为茧中的幸福奴隶。是茧需要一只猎物吗？至少在当初是我们需要一个安全的家。

飞机在剧烈颠簸时，我们本能地抓紧了座椅的扶手，我们似乎忘记了飞机也是飘浮在空气中的。

尽管作为临时的“家”，飞机并不可靠，但既然选择了踏上舷梯，我们就可以假装正在拥有一段快乐无忧的时光。

这就是无为的真实含义。

至少在十年前，面对北京拥挤不堪的马路，就有出租车司机大胆断言：“不出三年，北京的马路就会堵死!”三年早就过去了，北京又增加了很多汽车，北京的马路也更加拥堵了，但北京没有堵死。现在我们还可以断言，不管北京再增加多少辆汽车，不管再经过多少年，北京的马路依然可以通行。

全世界没有哪个城市的马路真正堵死过，就像不借助工具，没有人可以将自己杀死一样。

这是无为的另一层含义。

你抓着滑翔伞的绳子站在悬崖边，但此时此刻除了等风来，其实你什么也做不了。你知道自己的技术很好，经验也很丰富，恍惚中你觉得自己已经在风中飞翔了很久，事实上，只要风还没有来，你就只能站在原地，这跟你的技术没有关系。

马云说：只要站在风口上，猪都可以飞起来。有时候，自我重要感会让我们误以为即便没有风也可以飞翔。

我们与世界的关系，其实也就是我们与自己的关系。烧煳了一锅饭不是世界末日，第三次世界大战也不是——除了世界末日本身之外没有什么事情是世界末日。我们需要的是处理一件接一件的事情而不是面对一个接一个的问题，这样的事实一直在提醒我们：我们最终什么也改变不了，但这不是我们的错。

一个坚持锻炼身体的人某一天得了绝症，这什么也证明不了。不管你做了什么，事情该是什么样就会是什么样的。

这才是世界的真相。

有人在买回一头驴之后，才发现喂养它需要不少谷物。他决定做一个实验，开始逐日减少喂食量。终于他每天只喂食驴一小把谷物，接着驴就死了。他觉得很遗憾：如果驴能够活得再久一点的话，他的实验就成功了——将喂食量减少到零。

这也是世界的真相。

面对大和小、难和易，老子的选择很清楚。他说天下的难都是从易开始的，小慢慢才变成了大。圣人就是那些明白这些道理的人。

老子比佛有为多了。

其安也，易持也。其未兆也，易谋也。其脆也，易破也。其微也，易散也。为之于其未有也，治之于其未乱也。合抱之木，生于毫末；九层之台，作于累土；百仞之高，始于足下。为之者败之，执之者失之。是以圣人无为也，故无败也；无执也，故无失也。民之从事也，恒于几成而败之。故慎终若始，则无败事矣。是以圣人欲不欲，而不贵难得之货；学不学，而复众人之所过，能辅万物之自然，而弗敢为。

——《老子》第六十四章

没病的和没治的

国内稍有规模的中医院都会开设“治未病中心”。西医看病像个三流棋手，走一步看一步，头疼医头，脚疼医脚；中医看见的是第二步、第三步，头疼医脚，脚疼医头。西医说你没病，中医可能说你即将有病。如果一个中医让你去看西医，那就说明你真的病了；如果一个西医让你去看中医，那说明你真没得治了——看中医的不外乎两种人：没病的和没治的。

撇开戏谑成分，这是两种不同的思维方式。

按照老子的理解，如果我们提前动手，结果可能会不同。你每天坚持锻炼身体，注意饮食，长命百岁的概率就会大大增加。

这样的问题在佛家那里会变得比较复杂，因为佛教认为你今天的一切都是你前世业报的显现，这个“前世”可以上溯到亿万年前。一个无比注重养生的人英年早逝了，在佛家看来这是你的业报，跟概率无关。

人类目前的认知水平支持这一切跟你的基因有关。

除去玄秘部分，灵魂大致就是基因吧！就像一个功能强大的芯片，存储了海量信息后被植入了我们生命的深处，它在很大程度上决定了我们的外观和性格气质；它属于出厂预装系统，可以升级，但是无法重装。

如果这是真的，那我们还有什么好担心的？

其实，连死亡我们也不用担心。死亡是生命的一部分，而且是其最深刻的部分，没有经历死亡的生命是不完整的。

老子说最重要的是开端与结局，防患于未然符合事物的基本发展规律；临近结束时，最容易发生的状况是功败垂成，这样的事情太可惜，仅此而已。从根本上来说，成功与失败都不是最重要的，顺其自然才是。

这才是老子的不败之道。

故曰：为道者，非以明民也，将以愚之也。民之难治也，以其智也。故以智治邦，邦之贼也；以不智治邦，国之德也。恒知此两者，亦稽式也。恒知稽式，此谓玄德。玄德深矣远矣，与物反矣，乃至大顺。

——《老子》第六十五章

一头猪的存在意义

如果可以更平等地看待众生的话，我们在进行某种排名的时候可能是这样的：中国第一、印度第二、南美洲某个蚁巢第三……数量达到五亿的蚁巢并不少见，总数超过人类的昆虫却有很多种。如果连更低等级的生命都算上的话，地球上这几十亿的人类几乎可以忽略不计，单单昆虫的数量大约就是人类的两亿倍。老子说的“愚”可能只是质朴，此处的比对与道德无涉，对人与蚂蚁都不算是侮辱。

一个由五亿只蚂蚁组成的蚁巢是如何管理的？就我们有限的了解来说，这样的蚁巢管理难度可能不会超过由五个人组成的一家事业单位。

霍布斯在《利维坦》中分析人类与这些昆虫的区别时说：人类有追求荣誉和利益的本能；昆虫个体利益与公共利益一致，人类的快乐主要来自与同伴的对比；大部分人都觉得自己比别人聪明能干，昆虫没有这种能力；人类的语言文字具备天然的迷惑性；人类习惯居安思危，他们擅长做长远打算。

基于上述理由，相对于拥有更多智慧的人类来说，这些愚蠢的昆虫们反而更容易变成一个井井有条的团队。

即便在同属灵长类的猴群中，无论一只猴子的眼神多么忧郁，背影多么瘦削，都不会有猴子因此把它作为交配对象。最强壮的猴王战胜所有的对手后理所应当地占有所有的雌猴，按照我们人类的逻辑，这样的方式显然太过分。孟子的理想也仅仅是“内无怨女，外无旷夫”，大家各得其分。但不会有猴子试图去改变规则，他们唯一可以想的就是设法去挑战现任猴王。

老子有可能注意到了这样的理想状态，如果有办法将百姓变成猴子，甚至昆虫，那不就是天下大治吗？

我们还可以大致设想一下，人类在彻底的无政府状态下会呈现什么状况——昆虫是最接近无政府状态的，会出现“所有人对所有人的战争”吗？

研究史前人类的生存方式，或者走进非洲大草原去观察动物世界，我们发现“所有人对所有人的战争”并未发生，相反，“互助”才是个体成员之间互动的主要方式。争斗肯定会发生，但是其发生的频率不见得比有政府状态高出多少。美国平均 10 个老百姓拥有 9 支枪，美国法律规定，只要经过申报，并且枪里没有子弹，你甚至可以将枪支带到飞机上。美国出现了大混战吗？美国每年大约有 3 万人死于各类枪击事件，其中包括相当数量的误伤和自杀，但中国每年非正常死亡人数超过了 300 万。

在非洲大草原上，争斗一直都在发生，但也一定会平息，其中并没有一个德高望重的长者或者某种类似国家机器一样的力量出面摆平局面。如果说是某种规则在起作用的话，那大概就是看谁更强壮。

这样的规则导致物种灭绝了吗？它显然让物种更强大了。

更强壮者生存还是更聪明者生存呢？人类选择了后者，这让老子这样的智者忧心忡忡。

每天早上起床，我们希望从镜子中看见什么？

我们希望看见一个跟昨天一样漂亮的人，事实是里面那个人比昨天更衰老了。那就看见一张气色健康的脸孔吧！至少我们都不希望镜子中显示的是一头猪。

《西游记》里就有一头猪，它一根筋地生活在这个世界上，它既不回头过往，也不抬头看天，唯一的一次例外是它被抬去屠宰场的路上——蠢笨的猪是我们众生的代表之一。书中还安排了一只猴子，它无一刻处于安静之中，对修行来说，这是最大的敌人。沙僧是一位默默的修行者，就像唐僧胯下那匹沉默的白龙马。

在故事的结尾部分，猪和猴子都变成了菩萨。

这样的结局带给我们的是无限美好的想象：如果没有机会成为一大群愚民的王，我们还有机会成佛。

江海之所以能为百谷王者，以其善下之，是以能为百谷王。是以圣人之欲上民也，必以其言下之；其欲先民也，必以其身后之。故居前而民弗害也，居上而民弗重也。天下乐推而弗厭（厌）也。非以其无争与，故天下莫能与争。

——《老子》第六十六章

我们行囊中的石块

江海唯有处于百谷之下才有机会接纳万千溪流而成为江海，帝王就是人间的“江海”，这就是帝王术。

这里的矛盾在于帝王的心理位置天然处于万民之上。老子的意思是，上下只是形式，帝王的真正目标在于背后的利益，只要最终得到了利益，上面还是下面都是扯淡。

真是这样吗？听起来好像说的是挣扎在温饱线上的穷人，只要能填饱肚子，说什么尊严不尊严，既奢侈又矫情。

很难让人相信老子此时此刻正在谈论名利的取舍。如果说“利”是我们实实在在的需求的话，“名”则纯属额外负担——大部分情况下，追逐“名”的人并不是为了去兑现物质利益，换句话说，他们追逐的名就是目的本身，然后不断获取更大的“名”，最后被困在“名”中。

也许我们应该相信，老子这里是在劝导那些帝王们将名利一同放弃，他们唯一该做的就是全心全意为人民服务。

这既不真实也不自然。

其中流露出的精明与算计很容易让人联想到过去的法家和今天的商人。不争的真实含义是不争虚名，真正争的是虚名下面的实惠。但名和利都是相，它们都是我们漫漫旅途上行囊中的无用石块。

大部分时候，老子也难免执着。热衷于利益是执着，追逐虚名也是执着，刻意退让同样是执着。事实上海浪也可能被困在执着中，海浪一旦将自己定义为独立的名相，问题会接二连三地涌过来：我这一次不够漂亮，别的海浪比我更高……而且当浪头退去时，它会认为自己“死亡”了。

但海浪还可以将自己看成是水，跟别的水聚在一起以后，它所有的烦恼也就消失了。

帝王也可以让自己隐入万民，他将因此而获得永生。

小邦寡民，使有十百人之器而毋用。使民重死而远徙。有舟车，无所乘之；有甲兵，无所陈之。使民复结绳而用之。甘其食，美其服，乐其俗，安其居，邻邦相望，鸡狗之声相闻，民至老死，不相往来。

——《老子》第六十七章

泱泱大国与蕞尔小邦

世界人均 GDP 最高的 10 个国家中包括卢森堡、挪威、瑞士、丹麦、瑞典、新加坡，大多是一些人口百万级的小国。说到世界上最成功的国家，我们能想到的首先也是那些弹丸小国，百姓富足，带给其他国家的是安全感，带给世界的是正能量。

在我们的古人口中，这样的国家经常被称作“蕞尔小邦”，比“弹丸”的说法生动多了。一捆稻草的确占不了多少地方，古代演习礼仪时会用稻草代替人的站位。一捆稻草那么大块地方，那里的人又能有什么文化呢？春秋战国时期的秦和楚都曾经被人蔑称为“蕞尔小邦”，是说他们那里当初都是既野蛮又不起眼的小地方，但后来它们都已经成长为庞然大物。体量大了，还没来得及接受正统的中原文化，因此最多只能算是可以容纳无数捆稻草的地方。

我们的文化惯性是以大为美，泱泱大国就是中国人民的共同理想。

老子不执着于“大”，却反其道而行，大而无当，也许小的才是好的。“治大邦若烹小鲜”，“大邦者，下流也”，老子的视角一直是“小邦”，道家大体也是小国文化产物，贵柔重弱，讲求后发制人。

老子执着的是“小”。与孔子礼乐盛行的君子国不同的是，老子的理想是小国寡民，它小到连舟车武器复杂的器物都无须使用。大家结绳记事，安居乐业，华服美食，自得其乐；邻邦相望，鸡犬之声相闻，但大家各安其事，也不觉得有什么不妥。

现代城市人轻易就实现了老子的理想：我们被困在单元楼的防盗门里，我们能听见隔壁家孩子的吵闹声，我们也可以嗅到楼下厨房里传来的小炒肉的香味，但我们一直不知道我们的邻居是谁。

我们很难想象自己能有机会进入老子的理想国，《无量寿经》却如实描述了人类的某种结局：世间五恶传布，如大火焚身，劫难来临时，草木土石皆为武器，七日之内，人类互相残杀，最后只留一万人为“人种子”。

一万人组成的世界应该是典型的小国寡民，大家劫后余生，大彻大悟，从此过上了幸福生活。

信言不美，美言不信。知者不博，博者不知。善者不多，多者不善。圣人无积，既以为人，己愈有，既以予人，己愈多。故天之道，利而不害；人之道，为而弗争。

——《老子》第六十八章

静默时我们是佛

在通行本中，此章被放在了结尾，末句改作“圣人之道，为而不争”，也成了整部《老子》的结束语。

王弼坚持认为“顺天不争”便是老子给世人的最后教导。

真正渊博的人是不会卖弄的，喜欢卖弄的人只是因为了解得还不够多。研究这根转化的曲线是一件很有趣的事情。我们了解了一点之后总是有要与人分享的冲动；当我们了解更多之后，我们可能想的是要与更多的人分享；但是当我们了解得足够多的时候，我们常常选择了静默。

我是静默的——我就是静默本身。

两者的区别在哪里？我们开着摩托艇在一片湖水中找寻静默，殊不知当你把摩托艇熄火时你便找到了。在一个深山中，雪停了，风住了，雪吸收了所有声音，你听到的只有静寂，这静寂中充满了力量——这便是觉醒之后的我们。

静默中你不再知道自己是谁，你什么也不知道。一望无际的雪野中，你根本没有什么要知道的。不要试图去探究，去下定义……将自我隐入雪野，你不想再抓取任何东西，你连手都没有了，身体没有了，最后——连没有都没有了。

我们正置身于无边的雪野中，今夜星汉灿烂，万籁俱寂，恍惚间我们发现自己早已泪流满面。

太阳在天空发出光芒，大地充满了生机，这只是我们的想法。太阳的存在不是为了照耀大地，事实上它的光芒只有很少一部分投射到了地球上，而且它也不知道自己在哺育万物，它只是单纯地“悬挂”在空中。

一个爬来爬去的婴儿，没有开心，也没有不开心，他只是好奇；起初他的身体就是全世界，那时他只负责探索自己的身体，手指就是他最好的玩具；但他逐渐将注意力转移到了周围，他开始探究他周围的世界。他不是好宝宝，也不是坏宝宝，他只是专注于探究。即使是那些他关注的东西，他也不想拥有，当然也不关心其价值，他只是单纯地好奇，欣赏完随手就放下了——真的放下了。

这有些像我们修行的最终目标。传说当年尹喜打算跟随老子一同去云游世界，但老子不答应，老子对他这位唯一的弟子说：千日后成都相见。三年之后，尹喜在成都遍寻老子的踪迹，最后在一只青羊的带领下，在今天四川成都青羊宫所在的街市中找到了老子——老子已经变成一个熟睡中的婴儿。

回到原点——回到婴儿，成为一尊佛。

天下皆谓我大，大而不肖。夫唯不肖，故能大；若肖，久矣其细也夫。我恒有三宝，持而宝之：一曰慈，二曰俭，三曰不敢为天下先。夫慈，故能勇；俭，故能广；不敢为天下先，故能为成事长。今舍其慈且勇，舍其俭且广，舍其后且先，则必死矣。夫慈，以战则胜，以守则固。天将建之，如以慈垣之。

——《老子》第六十九章

慈悲就是与全世界坠入爱河

真正大的东西什么也不像，比如天，谁能告诉我天像什么？

道也是这样。

“三宝”就是老子的用兵之道：慈、俭、不敢。

慈是对别人，希望别人得到幸福的心意；俭是对自己，苛己甚严，老子的另一种类似说法是“啬”；不敢是处世的态度，谦卑、居下、示弱。作为歌者的范玮琪说：“好像什么困境都知道该怎么办，我们可不可以不勇敢？”说的也是这个意思。如果是用兵，凭借“三宝”，就可以广结民心，战无不胜。

佛教里的“三宝”是指佛法僧，皈依三宝后我们才可以遁入森林，跨入山门，成为佛子。

我佛慈悲只是我们的观感，慈悲是佛面对世界的方式；但是当他觉得自己在慈悲时，这种慈悲便是虚假的了。

佛的慈悲是什么？我们可以让自己进入一片深山，大雪初停，风平浪静，雪吸收了外界的一切声音……你消失了，你变成了周围的雪、树、空气。最后只剩下静默，静默中你不再拥有任何东西，你不再知道自己是谁，你什么也不知道。一望无际的雪野中根本没有什么是你需要知道的，你已经不再尝试去探究、去定义周围的事物……将自我隐入雪野之后，你也不再试图抓取任何东西，你连手都没有了，身体也没有了——最后，连没有都没有了……

此时此刻，你对这个世界就是慈悲的，这就是慈悲的真实含义。灵修的其中一种方式可以是训练自己去聆听外界的所有声音，持续地聆听；最后你变成了那些声音的一部分，而那个原本“存在”的你奇妙地隐身了。

透过佛的双眼，我们看见的一切便都是慈悲的。我们无法看穿这个世界是因为我们只能透过这个世界去看，现在，我们无须去看穿这个世界，因为我们就是世界本身。

当我们就是世界本身时，“彼此”之间就不再具有伤害性，就像我们的左手不会伤害右手一样；温柔就是我们仅剩的武器——面对我们深爱的人，面对永远不会跟我们发生关联的人，面对曾经刻意伤害我们的人，面对墙角爬过的一只蟑螂，面对山里的一棵小草，面对地上的一块石头……我们的心里盛满了温柔。

佛就是这样对待全世界的。

对大部分人来说，他们可能真的需要死亡一千次之后，才能真正学会去爱一个人。

也许，这就是唯一的真相——除了死亡，是真正的爱让我们获得了永久的解脱。

善为士者不武，善战者不怒，善胜敌者弗与，善用人者为之下。是谓不争之德，是谓用人，是谓配天，古之极也。

——《老子》第七十章

驯服我们心中的野牛

在某些技艺训练的早期，老师可能会提出一些近乎过分的要求，比如要你将一个简单的动作重复5000遍，木匠大师傅可能会让小徒弟先拉三年大锯，这真的有用吗？

这是一个类似于对硬盘进行格式化处理的过程，如果换成一块农田，深翻一遍以后，种茄子还是种豆角就可以重新计划了。

每天念诵十万遍佛号就可以往生西方净土吗？每一位禅修者一开始都难免会质疑。有经验的禅师也许会告诉你说这样做的目的只是要先驯服你心中的野牛。不错，我们每一个人心中都有一头野牛，它无法无天，横冲直撞，没有一刻安静，就像悬崖前面的水流，它不可能静静地流淌。当野牛被驯服，我们的心中只剩下“佛号”时，我们便在西方净土了。

我们的生活需要一天天过，站在敌人面前只是为了战胜对方，而我们不一定要怒气冲冲。其实真正的高手直接就能站在领奖台上，因为他们面前根本就没有对手。

当我们不再觉得需要跟人争斗的时候，我们就守住了不败之地。

如果我们解决了自己的情绪，我们就解决了自己的全部问题。在另外的情形下，我们常常说，在解决子女的教育问题之前，应该先解决自己的情绪问题——因为情绪本身不能解决任何问题。我们有时会这样劝解别人：如果哭有用的话，我们一起坐下来陪你哭好了！哭往往只是单纯的情绪发泄。

由此看来，情绪问题才是所有问题的核心。困扰我们的不是问题，而是情绪。

我们都不喜欢焦虑、嫉妒、恐惧这样的负情绪，就像我们憎恨自己身上的病痛一样；但同时我们希望拥有快乐，这就像我们希望拥有一枚只有正面的硬币一样。只有正面的硬币有吗？印在纸上的就是，但那显然是“假”的。

在诱惑的指引下我们决定投奔天堂，当我们跨进那个金色大门后，相信大部分时候会发现自己来到的是地狱。

大体上说，夏天有多热，冬天就有多冷；当地球上的化石燃料全部消耗完时，地球上的冰川雪山也会全部融化，这就是平衡，因为只有这样才合乎逻辑。快乐的程度有多深，接下来的失落感就有多强烈，也只有这样才合乎逻辑。

如果用一枚硬币标识的话，一面是天堂，另一面一定是地狱。

我们还可以试着将情绪剥离，我们不带任何感情色彩地处理一件一件的事情。就好像你的牙齿在疼，这正在影响你的生活，你需要做的是为自己选择一位适当的牙医；无论如何你不需要将牙疼问题虚拟化：为什么是我？我的命运真悲惨！

至少在大自然中，狮子发现猎物，它就会按照某种程序去追捕猎物。其实在大部分情况下，狮子的行动都不会成功；但狮子不会失望、自责，也不会嫉妒另一只狮子，它只是若无其事地去寻找下一个目标。

“不要恨你的敌人。”因为这会影响你的判断。

不要情绪的真实意思是别让自己一味地陷入冥想中——事实上，大部分的冥想都是沉浸在情绪中的，或者说，我们的大部分情绪仅仅是冥想。冥想无法解决我们的所有问题——只要我们的色身还在，我们就需要衣食住行，因为连佛都需要。佛跟我们的区别只是他永远在“觉醒”中：他一直知道自己在做什么。

死亡是我们生命中最深刻的部分，我们的大部分情绪都直接或间接与此相关，我们都喜欢为“死亡”而深陷于冥想中。至今为止，我们并不是太清楚死亡究竟是什么，我们因为无知而恐惧。

很少有情绪的狮子总是很有尊严地死去。在它生命最后的某一个时刻，独自选择一个安静的地方，然后以一个舒服的姿势躺下来，静静地等待死神的来临。

这很容易让我们联想到佛的涅槃日。

用兵有言曰：吾不敢为主而为客，吾不敢进寸而退尺。是谓行无行，攘无臂，执无兵，乃无敌矣。祸莫大于无敌，无敌，近亡吾宝矣。故称兵相若，则哀者胜矣。

——《老子》第七十一章

作为暖男的老子

在交战的双方中，总是悲愤的一方取得胜利，这样的“兵法”其实并没有什么意义。悲愤大部分来源于之前的失利，因为失利使得他们被耻辱的情绪控制着，于是同仇敌忾，于是他们打了胜仗。按照同一部“兵法”，被胜利冲昏头脑的他们，下一次就该打败仗了，然后再次悲愤……

“富不过三代”也是这个意思。穷人的孩子早当家，富二代就是败家子。如果这就是世间的基本规则的话，我们稍微跳开一点来看，贫穷和富贵其实也没有什么区别。

在佛眼中，他们原本就没有区别。

老子的“哀者胜”可能说或是胜者总是以哀礼用兵的一方。这种理解表达的是人文情怀，老子似乎瞬间变成了一位暖男。

种种迹象表明这位人本主义者显然是反对战争的，他关于战争的发言大体上都基于被动应战。如果战略纵深够的话，能退则退吧！长驱直入者在欲望的诱惑下迟早都会暴露出软肋。等到对方的弱点暴露无遗时，便是你反戈一击的时候，此时常常可以一击致命。如果老子是这个意思的话，是否反战不是重点，如何打赢战争才是。这就叫无为而无不为。

莫斯科保卫战是第二次世界大战中的著名战役，表面上看，当时 180 万人的德军势如破竹，克里姆林宫尖顶的红星也已经出现在德军指挥官望远镜的镜头里。

苏联红军士兵荷枪实弹在红场接受过斯大林的检阅后直接开赴前线。数个月以来，德军一直在进攻，苏联一直在退却。此时，战场上的局势开始出现一些微妙的变化，德军最终以损失 50 多万兵力的代价惨败。

是斯大林的“无为”思想在战争中取得了最后胜利吗？

抗日战争结束后，共产党打长春还是打锦州远不如表面看起来那么简单。

长春当时是东北的核心，林彪打了半年都没有打下来。但他有自己的算盘：在东北，共产党的军事力量总体上已经超过国民党，打长春属于有准备之战，只需假以时日，长春一定能打下，东北一定能解放。而锦州是东北的门户，国民党一方面可以从海上增援，傅作义的 50 万大军也可以沿长城直取锦州，沈阳的国民党部队离锦州也不远。林彪如果直接进攻锦州，有可能面临两面甚至多面作战的局面，一旦锦州打不下来，就有可能被反包围。

毛泽东的心里是全中国。对毛泽东来说，锦州首先是个通道，如果东北的国民党军队从锦州入关，将来华北的仗不好打。他需要林彪先切断这个通道，然后将东北的国民党守军解决在东北境内。

林彪一辈子以谨慎著称，没有把握的仗不打，攻打锦州的风险是显而易见的。毛泽东一连发了十几份电报给林彪，才逼得他打锦州。林彪几乎是倾巢而出，各种机缘巧合下最后拿下了锦州。原来设想的全国解放战争从五年缩短为两年多。

林彪和毛泽东，单就战争而言，谁才是真正的大师？

吾言甚易知也，甚易行也，而人莫之能知也，而莫之能行也。言有宗，事有君。夫唯无知也，是以不我知。知我者希，则我贵矣。是以圣人被褐而怀玉。

——《老子》第七十二章

每个人都有觉醒的权利

假如你手里有 100 元，你发现旁边的人手里都只有 50 元，这时你开心吗？通常不会，你会继续“比较”下去，直到发现一个手里有 101 元的人，于是你开始烦恼了。

我们喜欢与人比较，拿来做比较的一定是身边的人或者跟你有某种关联的人。

大部分情况下，比较就是我们烦恼的根源。

哥哥死后去了天界，弟弟死后变成了一只蛆虫。天界众生都是有神力的，哥哥来到弟弟身边，并让弟弟认出了自己。弟弟问：天界的日子还好吗？哥哥说：很好啊！只要是你想要的都可以拥有。弟弟说：哪有我这里的日子好，无限美好的生活就在身边，想都不用想——你真的应该留下来享福！

佛说，发现由衷的悲伤——这就是世界的实相。

但这样的大“道理”还是很难说服我们，退一步说，我们是“不知道”自己在受苦。一只毛毛虫在水缸边沿奋力地向前爬行，一圈又一圈，它觉得很有成就感，并且在它羽化成一只蝴蝶之前，它都不可能真正脱离这种“轮回”。问题在于它自己并不知道这一点。

我们从小就被教育要有自己的梦想，我们从一个台阶跳上另一个台阶，我们觉得自己一直在向上走，但无论如何我们都无法跳出千百亿劫以来前世赋予我们的业报。简单而言，谁才可以觉醒？悲观的老子对此也许心知肚明，他的牢骚在很大程度上只是习惯。

两千多年来，佛法一直就在那里，但放眼望去，我们身边见不到一个菩萨。

事实上每个人都有觉醒的权利，对我们大部分人而言，发现觉醒的时机才是重点。中国禅宗有啐啄同机之说，鸡蛋在老母鸡的身下孵化到某个时刻时，小鸡在里面啐，母鸡在外面啄，小鸡才可以破壳而出。时机选择很重要，早了，小鸡“早产”；晚了，小鸡就闷死了。古人觉得很神奇，它们是如何选择时机的？

现代化的养鸡场是数字化大生产，在精确控制的恒温恒湿产床上连母鸡都不需要。禽流感来袭时，鸡蛋卖不出去，继续喂养那些小鸡已经没有任何经济价值，于是成批的小鸡从流水线上“孵化”出来后直接就送去垃圾场了。

小鸡们这一次的“空转”显然无助于它们的修行。我们生而为人，我们有机会听闻佛法，如果这一次没有遇上修行的“时机”，下一次不小心变成了一只鸡，那就太可惜了。

知不知，上矣。不知（不）知，病矣。是以圣人之不病，以其病病，是以不病。

——《老子》第七十三章

一个人的复杂度与深度

我们一无所有地来到这个世界，在人生的大部分时间里我们似乎曾经拥有过很多东西，但最终我们将一无所有地离开。这对我们每一个人来说究竟有什么意义？

令人沮丧的是，回到原点似乎是我们这个世界的普遍规律。我们从柔弱开始，然后变得强大，最终又将回归柔弱。我们起初对自己所置身的这个世界一无所知，慢慢地我们懂得的越来越多，但到了最后我们才会明白，对这个世界我们其实一点也不了解。

如果这就是轮回，我们还是趁早修行吧！

回到原点是老子的基本逻辑。反者道之动，归根曰静，弱发展下去一定是强，但下一个节点一定是弱。

但我们永远只能看见我们眼前的东西。曾经有六个盲者根据他们各自的理解描述了他们心中大象的样子：一堵墙、一根绳子、一把扇子……诸如此类，因为他们之间不存在任何交流的空间。

魔术师从一只空口袋里变出了一大堆东西，我们还应该相信那只口袋是空的吗？

即便没有上师的教导，生活也会慢慢教会我们许多道理。比如无常、苦、空，我们最终会明白这是唯一的世界真相，除此之外，其他的知识和道理都是“二手”的。

众生眼中污秽不堪的当下世界便是释迦牟尼佛的灵山净土，区别在于，佛的内心是纯净的，而我们的心中早已染污。所谓的天宫地狱、佛国净土一直就在我们的脚下！

一池清水，诸天视为珍宝，鱼虾以为窟宅，鬼类见到的是脓血……它究竟是什么？视乎你站立的角度，虚幻不实就是关于世界的唯一真相。

我们可以花时间让自己变得复杂，我们还可以花同样的时间让自己变得深刻。前者是芸芸众生，后者便是“圣人”。

民之不畏威，则大威将至矣。毋狭其所居，毋厌其所生。夫唯弗厌，是以不厌。是以圣人自知而不自见也，自爱而不自贵也，故去彼取此。

——《老子》第七十四章

当众生皆成佛时

老子无比推崇的是天地与万物的关系。天地生养万物，但不以为私。老子打比方说，对天地而言，万物就是祭祀活动中的“刍狗”，谁会在意那把稻草的去向呢？圣人与百姓的关系也是这样。

佛与众生的关系是——慈悲。

如果说慈悲是成佛的标志，它就是树与树叶的关系。如果我们能够看得更清楚一点的话，就不会把树叶当成树了。没有了树叶的树才更像树，而树叶就是我们的念头和执着。

更重要的是，当树叶为了秋风选择离开时，树是不会伤心的，它更不会试图把树叶抓在手里。

664 年，唐代高僧玄奘圆寂于长安，数日后，他的灵骨被送去白鹿原永久安放，超过百万人赶来为他送行。从数量上看，当时全长安的人都来了。

我们今天当然无法理解那究竟是怎样一种情景，是什么力量促使他们这样做的。

在这位成佛的高僧面前，我们应该感到害怕吗？

勇于敢者则杀，勇于不敢者则活，此两者或利或害。天之所恶，孰知其故？天之道，不战而善胜，不言而善应，不召而自来，坦而善谋。天网恢恢，疏而不失。

——《老子》第七十五章

可不可以不勇敢

老子艰难地爬上一座高山，从那里他将我们这个世界看得清清楚楚，从此，他就把自己架在了那座山上。

老子不知道的是，佛早就来过了。

生存与死亡的核心就是死亡。

那么，死亡究竟是什么意思？这是我们最大的谜团。某一天，你躺在一张白色的床上，周围有一群神情悲戚的人，窗外有一束光透了进来，你缓缓地向上飘去，那束光接住了你，最后光消失了——就像你关掉了手电筒的开关。

你到哪里去了？

佛陀曾讲过一个关于死亡的故事。一个年轻的商人从远方归来时发现自己的家被匪徒洗劫一空，房间里一具烧焦的尸体显然就是他最心爱的儿子。商人悲痛欲绝，将儿子火化后把骨灰随身带在身边，并终日沉浸在失去爱子的痛苦中。实际上他的儿子只是被匪徒劫走了。后来他的儿子设法逃了出来，并连夜回到家里。当他敲门的时候，商人却不肯开门，他坚信自己的儿子已经死了。最后他的儿子只得绝望地离开了。对商人来说，他的儿子在匪徒来到他家时已经死亡了！

我们该如何看待死亡？我们通常认为死亡就意味着结束，这才是问题的实质。假如灵魂是永生的——这有助于减轻我们对死亡的恐惧感吗？如果灵魂根本就不存在，那我们还是及时行乐好了。

佛是没有生死的，因为佛已经确认：只有“四大”的聚合与离散，身体只是我们暂时租住的旅馆，我们在旅馆大堂办完退房手续后，对这间旅馆来说，我们就——死亡了。

当我们开始明白什么是死亡时，才算明白什么是生命，这跟勇敢没有关系。

若民恒且不畏死，奈何以杀惧之也？若使民恒且畏死而为奇者，吾得而杀之，夫孰敢矣？若民恒且必畏死，则恒有司杀者。夫代司杀者杀，是代大匠斲也。夫代大匠斲者，则希不伤其手矣。

——《老子》第七十六章

杀生这件事

佛法戒律无数，第一条是戒杀生。在成佛之前我们可能是任何一种动物，就本质而言，杀生即是杀死我们的父母兄弟。

但事实上杀生又是不可避免的。比丘们的浴室、浴池由于多日未用，长满了小虫，负责清理的比丘不知如何处理，佛说："除尽污垢，清洁浴室。"比丘说："会伤虫！"佛说："不为伤虫，是为清理浴室。"于是比丘释然。

如果不出意外，我们死后会进入极乐世界，并在那里修成菩萨，甚至成佛，然后再回来教化众生。这个过程需要多久？

但这是娑婆世界的事情，佛在大乘经教里告诉我们说，只要是进入佛的境界，时间就没有了，空间也没有了。西方极乐世界距离娑婆世界有十万亿佛国土，这也是佛说的。如果你真的把一切执着都放下，距离也就不存在了。极乐世界在哪里？就是此地；阿弥陀佛在哪里？就在面前。距离没有了，时间没有了，前后没有了。无量劫之前，是在此地；无量劫之后，还是在此地。

认知专家告诉我们说我们的大脑大概有一千亿个神经元。这是多少？专家说跟银河系里恒星的数量差不多。那是多少？其实没有人知道，也不可能有人知道。认知专家说，就整体而言，我们关于大脑的认知水平尚处于原始社会阶段。

世界卫生组织说，目前已经公布的罕见病超过八千种；除此之外，人类对自身的大部分疾病其实都不能说真正掌握了。我们甚至至今都没有找到可以治疗感冒的药物！

承认了吧！我们对自己的生命并不了解！

谁才有权力去处置我们并不真正了解的东西？谁有权力杀生？

中国父母觉得自己天生就拥有打骂子女的权力，因为在他们最原始的逻辑中，如果没有爹娘就不会有孩子，所以爹娘们当然有权力让一切重新归零。

谁是所有孩子的爹娘？当然是天地。

人之饥也，以其取食税之多也，是以饥。百姓之不治也，以其上有以为也，是以不治。民之轻死，以其求生之厚也，是以轻死。夫唯无以生为者，是贤贵生。

——《老子》第七十七章

你的前世可能只是一条鲤鱼

政府收取税费是导致百姓贫困的主因吗？免除税费就是“无为”了吧？但老子的意思显然是不要过度——这才是无为的真实含义。

刻意显示自己的清廉同样属于“有为”。

真正的无为是因为知道了“真相”。《绿野仙踪》中的多诺西拉开幕布时，他知道会见到伟大的奥兹，但出现在他面前的是一个正在操纵杠杆的侏儒。

老子只是执着于“无为”，他眼中的侏儒长得就像伟大的奥兹。

得知维摩诘生病后，佛让自己的儿子罗睺罗前去看望，罗睺罗不敢去，因为有一次他向信众讲出家的好处而遭到维摩诘的斥责。维摩诘说：无利无功德，是为出家！真的出家属于无为法，当然也没有什么好处。

出家即是无彼无此，亦无中间。求保佑、求神通、求解脱都不可能成佛。

当“我”还在时，你就还在原点，放下首先就是要将“我”放下。

控制是我们与生俱来的欲望，当每个人都拥有这种欲望时，矛盾便产生了，当欲望无法满足时，恐惧便产生了。

世事之间的联系比我们想象得要复杂得多，你不能指望因为有了这个就应该拥有那个。你有名气，但不代表你被人尊重；你吃得少，不代表你就该苗条；你很聪明，也很努力，但接下来不一定是成功，因为你还需要一点运气，或者你还需要你的“前世”也曾经很努力，但你的前世可能只是一条鲤鱼。

我们因为洞见真相而选择无为。

人之生也柔弱，其死也筋肕坚强。万物草木之生也柔脆，其死也枯槁。故曰：坚强者，死之徒也；柔弱者，生之徒也。兵强则不胜，木强则僵。强大居下，柔弱居上。

——《老子》第七十八章

死亡是生命中最深刻的部分

春秋时期的晋国六卿制度是晋文公确立的，原本是国家中六个最高的军事职位，后逐渐被赵氏、韩氏、魏氏、智氏、范氏、中行氏把持。

六卿中实力最强的是范氏和中行氏，他们被另外四家联合赶走；此后智伯日益强盛，遂被赵氏、韩氏、魏氏合力消灭并将其土地瓜分。

类似的情况在齐国再次上演。齐国打算吞并燕国，当时齐强而燕弱，吞燕则齐国更强，这对另外“五雄”不是好消息——因为某种平衡将被打破。于是“五雄”开始合力救燕。

是否真的要立即铲除曹操？至少诸葛亮存在疑惑，曹操是某种平衡的标志。存曹在一定程度上就是在行“天之道”。

我的“脚”在痛。

我在脚痛。

假如我没有脚，就不会有痛的问题——事实上，没有脚的人生也不见得有那么糟糕。但“我在脚痛”的问题就严重得多，因为它不是“脚”的问题，而是“我”的问题；前者是局部问题，后者却是全局问题。因为是全局的问题，我只能全力以赴。

我的身体就是“我”吗？脚是我？手是我？究竟什么才是我？它们加在一起才是我！一个没有了脚的人，他的“我”是否就不完整了呢？目前包括中国医学专家在内的一个医疗小组正在尝试一次“换颅术”——如果连脑袋都可以更换的话，我究竟在哪里？我究竟是谁？

一个年轻的商人外出经商，回家后发现家里被劫匪洗劫一空，院子里一具烧焦的尸体显然就是他唯一的爱子。商人将儿子的尸体火化后把骨灰带在身边，并整日沉浸在悲痛中。但他的儿子实际并没有死，他只是被劫匪绑架了，后来他逃了出来，并历尽艰险跑了回来。他去敲家里的门，但那位年轻的商人无论如何都不肯开门，因为他“知道”儿子已经死了，他认为这是别人的恶作剧。儿子绝望地离开了，再也没有回来。

佛陀问我们：这个儿子是什么时候“死亡”的？

死亡是我们生命中的一部分，而且是最深刻的部分。但是死亡是什么意思？相信面对那具逐渐变冷变硬的躯体，每个人都会陷入长时间的迷惑中。

如果不做改变的话，我们之中的大部分人最终将插满管子离开这个世界。当我们徐徐飘向窗口射进来的那一束亮光时，回头看看躺在病床上的自己，嘴角难免会露出一丝苦笑吧！他们合伙把我打扮成外星人的模样，是早已知道我会去向天国吗？

专业人士告诉我们，人在最后的关头不会有饥饿感，儿女们设法喂食只是在给他增加负担；人在最后关头也不会感觉寒冷，你们给他增加衣物的做法也只是在增加他“飞升”的阻力。我们最后消失的感官是听觉，如果还有什么话想说，这个时间还是比较合适的。除此之外，你的所有“孝行”已经跟他没有关系了。濒死的人最后唯一的需求就是脱离我们已知的世界，与自己的灵魂对话。

当我们拥有第一辆汽车时，我们会把它当作自己身体的一部分，一条浅浅的伤痕都会让我们伤心很久；随着时间的推移，我们会变得无所谓；某一天这辆汽车需要送去垃圾场时我们也不会痛哭流涕。

身体只是我们更早就拥有的一辆汽车罢了。

死亡则是我们将一台没有修理价值的汽车送去报废而已。如果我们相信我们的灵魂还在的话，我们比较容易接受——我的身体毁坏了，而不是我“死亡”了。这样说来，我们的身体到底有多重要？

每一个人都是人类基因传续过程中的一环，而且每一环之间的联系混乱而松散。每个人都有父母 2 人，祖父母 4 人，太祖父母 8 人……假设他们都是 25 岁结婚生子，往前倒推 1600 年（东晋时期）的话，共有 64 代，那么我们就该有 1850 亿个祖宗，而根据统计，东晋时全国总人口才 1500 万，按照这样的逻辑，今天地球上的所有人其实都可能是一家人。

我们终于可以平静地面对我们的死亡了吗？

天之道，犹张弓者也，高者抑之，下者举之；有余者损之，不足者补之。故天之道，损有余而补不足；人之道，则不然，损不足而奉有余。孰能有余而有以取奉于天者乎？唯有道者乎？是以圣人为而弗有，成功而弗居也。若此，其不欲见贤也。

——《老子》第七十九章

只要停下来，我们就到了目的地

从前有一座山，山里有一位老婆婆在念佛。一个老和尚远远地望见一间茅草屋被笼罩在一片金光中，走近发现是那位老婆婆在念佛——唵嘛呢叭咪吽，老婆婆每念完一遍就往碗里放一粒黑豆，很多时候甚至是黑豆自己跳进碗里的。

但老婆婆把“吽”念成了“牛”，老和尚帮婆婆纠正了。婆婆很羞愧，她结结巴巴地改了过来。

老婆婆这次念对了，但金光消失了，黑豆也不往碗里跳了。老和尚知道自己犯了大错，他告诉婆婆说是自己弄错了，“吽”就是念“牛”。

那间茅草屋再一次笼罩在一片金光中，黑豆又开始跳了。

我们播下葡萄种子，只要浇水施肥，它就会结出葡萄。但是无论你浇多少水，施多少肥，你都不能指望它结出西瓜。这就是无为的真实含义。

早晨，你静静地坐在桌子旁边，桌子上蒙着雪白的桌布，上面摆放着一杯热气腾腾的咖啡，一缕阳光正透过帘子投射在咖啡杯的扶手上……这一切是不是很美好？但是如果老板昨天叫人通知你说，以后都不用去上班了，这一切还美好吗？

对，没有什么不同。而且即使没有咖啡，没有阳光，也没有什么不同。

因为坐在桌子旁边的那个人没有发生任何变化。就像在某次欢乐的聚会中，其间你起身去了一趟洗手间，转身回来时，你站在远处看着会场，会场中的人有的开心、有的悲伤、有的失望、有的紧张……正如生活本身所呈现出来的那样。一瞬间，你觉得面前这些有一点不真实。然后，你走过去——回到人间。

我们不需要跋涉，那一直在消耗我们的能量。只要停下来，我们就到了目的地，而且我们的能量永远处在满格状态。

从来到这个世间开始，我们仿佛就带着一块白布，我们一生的欢乐就像是水一样从这块布中漏掉了；但是所有的苦痛都会在布上留下痕迹。最终我们每一个人都带着这样一块五颜六色的“抹布”离开人间。

到了生命的最后一刻，我们的双手松开了——撒手西去，我们突然意识到我们手中什么都没有。

其实，我们从来都没有真正拥有过任何东西，只是我们一直不知道而已。我们一直以为自己需要一间更大的房子，在生命的最后关头我们才明白其实自己只是需要一个小小的盒子，房子与盒子之间的差价就是我们一生浪费掉的价值。

天下莫柔弱于水，而攻坚强者，莫之能胜也，以其无以易之也。水之胜刚，弱之胜强，天下莫弗知也，而莫能行也。故圣人之言云，曰：受邦之垢，是谓社稷之主；受邦之不祥，是谓天下之王。正言若反。

——《老子》第八十章

觉醒就是第二次醒来

柔弱胜刚强的道理是如此真实可信，但世人的心却是如此鄙陋，他们即便早已知道这样的道理，依然不去行动。

这就是老子懊恼的根源——他一直认为自己可以改变世界，或者说他一直不接受世界的真相。

觉醒之后的世界不会因此发生任何改变，觉醒也不代表你得到了任何东西，最多是你不再在意自己是否得到了任何东西。就像你在某个慵懒的黄昏里，手捧着精装本的《红楼梦》，眼前是大观园里的全部热闹。

觉醒之后也并非空无一物，而是心的无限充盈——那就是慈悲心。你就是万物本身，世界大同了！唯有此时此刻你能将世界看得清清楚楚，而在此之前，你无法看清世界是因为你必须通过这个世界去看，当我们与世界合而为一时，我们剩下的全是喜悦。

逃避孤单的终极路径便是觉醒。

一直以来，我们一天天在长大，也一天天在接纳。在家里我是父亲，在路上我是司机，在单位我是经理，在社区我是好人……那其实是在给自己套上一件件衣物。慢慢地，我们会误以为那些衣物就是真实的我——我怎么可能是一件东西呢？

觉醒就是将“父亲”“司机”“经理”“好人”全部删除，自我剥离所有身份后只剩下一个本真的、抽象的、亘古以来从未被扰动过的“我”。这个“我”心无挂碍，无所不是，无所不能——是觉醒让我们真正变得强大。

觉醒就是第二次醒来。某一天早晨，你从噩梦中惊醒，擦着满头的冷汗，你为刚才发生的一切只是一场梦而感到庆幸——但你此时的“庆幸”只是另一场梦而已。

知道这一点时，你才算真的觉醒了。

和大怨，必有余怨，焉可以为善？是以圣人执左契，而不以责于人。故有德司契，无德司彻。夫天道无亲，恒与善人。

——《老子》第八十一章

世界末日与弥勒佛同时降临

老子最后为我们祭出的一招就是让全世界永远都欠着你。这就是《老子》的终极意义。

从春秋到战国，齐都是一个重要国家，但春秋时期是姜氏齐国，战国时期田氏鸠占鹊巢把姜齐变成了田齐。其间田氏家族使用了许多手段，而“大斗出，小斗进”便是他们最厉害的杀招。

田氏为齐相，他们慷国家之慨，在青黄不接时大斗把粮食借给百姓，收获时让百姓小斗归还，以此笼络民心。在这场注定亏本的买卖中，田氏精明地赚取了一个齐国。

战国公子孟尝君田文为齐相时有食客三千，花费巨大，叫冯谖去薛地收债。冯谖到薛地后将债券一把火烧了，永远免去了债户们的钱粮。冯谖告诉孟尝君说，狡猾的兔子都知道给自己多准备几个洞窟，这是在为他多预备一条后路。事实也证明冯谖为田文提前备下的这一“窟”在关键时刻的确派上了用场。

老子这里说的“善人”，就是田氏子孙吗？

同样是放债，短视者盯着的是利润，杀人偿命，欠债还钱，本是天经地义的事情，其中并无任何情分，这是现代银行家做的事情；高明者却让你欠着他。

善人，即善事之人。他们左右逢源，游刃有余，并且永远立于不败之地，因为他们知道自己该在什么时间做什么事情。

瘾君子永远都知道自己该做什么。

瘾君子的表情基本上是冷漠——这是我们的观感，对瘾君子而言，除了毒品他们已经全部放下了，他们几乎像婴儿一样单纯。如果不是需要越来越多的毒品，如果能够将对毒品的依赖转换成别的无害的东西，吸毒几乎就等同于修禅了。

当我们开始“放下”时，我们看见了天道无亲，天地不仁，天地生养世界万物。

耶稣说：天堂就在我们的脚下。放下后，我们“看见”佛就是世界万物本身，或者说佛是慈悲的，因此当我们真的“放下”时，我们也是佛了。

那是什么时候的事情？对，世界末日。在伟大的世界末日来临时，让我们一同焚香沐浴迎接未来佛弥勒菩萨。

后记　跟佛法有关的文字注定都会无比鄙陋

到目前为止，我确信自己遇到的最幸运的事情是我“发现”了佛法，尽管我知道自己永远都不会假装懂了——如果真懂了，我可能什么都不会说。

有一点是确定的。开始了解佛法之后，我发现众生的痛苦“增加”了。之前我想当然地认为他们还是拥有许多快乐的，但现在我知道他们的痛苦更多。这接近佛陀的教导了吗？

一个真正的基督徒唯一关心的是天堂是否已经为自己预留了位置。如果他得到了确切的承诺，那还有什么好担心的呢？孔子五十而学易，从此之后，他的人生便不再焦虑。我很高兴自己比孔子更早遇见了可能令我减少焦虑的东西。佛法不是一门学问，至少它不能跟别的学问并列，它主要是让你看清周围的世界，让你看清自己，并因此而变得平静——你甚至有机会平静地面对自己的死亡！

如果是向小学一年级的孩子讲解一个题目，二年级的学生可能会比一名博士生做得更好，因为他更了解对方的困惑。我就是那个二年级的小学生。幼稚并不太让我焦虑，生硬也很正常，只要我的听众是一年级的就好了。

以禅入道属于传统，老庄是魂，借了佛教的壳，大体上与信仰无关。本书更多将《老子》当作了壳，跟佛法有关的文字注定都会无比鄙陋，这里的文字顶多算是一味米其林星级餐厅出品的心灵鸡汤罢了。

我是在卖弄佛学吗？多半是有一点吧！须菩提曾经亲耳听到佛说，只要向别人解说一句经文，就可以得到无边无量、不可思议的功德。我不求功德，只是无意间撞见一个通向某个灵境的通道。但自从踏进路口的第一步我就意识到：自己的功力不够。因为读书不够多，心境不够清静，脑子也不够灵光。

但是将我的“发现”说出来依然非常非常重要——即便我的描述不够清晰，但那个灵境的确在那儿。

本书没有“索引”部分，如果有心，“百度”可以给您大部分答案。如果将《老子》原文隐去，本书的逻辑性是否还在？如果不在，可以从侧面证明《老子》本身的逻辑性存在问题，或者间接证明《老子》的编辑存在问题，当然更大的可能是我的阐述太牵强，甚至是错误的。

如果我的文字没有让您对佛法心生向往，那一定是我做得不够好，千万不要因此而怠慢了佛法。

不止一部佛经告诉我们说，临终时我们的心中会再现一生历经的所有场景。到了那个时候，我们会想起什么？我们真的会在追悔与炙烤中变成一只猪吗？

在生命的最后时光里，俗世中的一切都变得不重要了，我们正在无限靠近自己的灵魂。虽说临终一念决定了我们死后的去向，但佛经也提醒我们，当心识即将离开我们的身体时，我们确切感受到的将是风刀解体、生龟脱壳般的痛楚。

真的到了那一刻，我们还会记得阿弥陀佛吗？

南无释迦牟尼佛！南无阿弥陀佛！

杨树军